SUSANNE BUDDENBERG / THOMAS HENSELER

Geteilte Stadt
BERLIN

ZEITGESCHICHTEN

avant-verlag

Der Comic „Berlin – Geteilte Stadt“ beruht auf wahren Begebenheiten.

Gefördert mit Mitteln der
Bundesstiftung zur Aufarbeitung der SED-Diktatur

BUNDESSTIFTUNG
AUFARBEITUNG

Szenario und Kolorierung: Susanne Buddenberg
Szenario und Zeichnungen: Thomas Henseler
Zoom und Tinte Buddenberg und Henseler GbR

Redaktion: Markus Pieper

Historische Texte: Dr. Christian Halbrock
Historische Beratung: Dr. Maria Nooke – Gedenkstätte Berliner Mauer

Satz und Grafik: Andreas Rupprecht
Fotos 1986/1987: Detlef Matthes
Fotos 2012: Anna Schmelz

Herausgeber: Johann Ulrich
avant-verlag / Weichselplatz 3–4 / 12045 Berlin
info@avant-verlag.de
www.avant-verlag.de
facebook.com/avant-verlag

ISBN 978-3-939080-70-1
Dritte Auflage, 2013

Inhalt

S-BAHN-FAHRKARTE NACH WEST-BERLIN VOM 16. AUGUST 1961

REGINA ZYWIETZ:
Wie der Mauerbau fast mein Abitur verhindert hätte

Zeitungen
Wir grüßen uns nicht und führen auch keine Gespräche, als würden wir uns nicht kennen.
Eine Fahrkarte nach West-Berlin.
Macht 20 Pfennig.
S-Bahn
Es ist wie im Film.
Ich bin gleichzeitig Hauptdarstellerin und Beobachterin in einer Person.

Behelfsmäßiger
Personalausweis
Mein Vater ...
... war evangelischer Pfarrer in Ost-Berlin.
Damit gehörten wir automatisch zu den „Klassenfeinden des Arbeiter- und Bauernstaates“.
ZEUGNIS
Deswegen wurde mir trotz guter Schulnoten der Besuch einer Ost-Berliner Oberschule wegen „politischer Unzuverlässigkeit“ verwehrt.

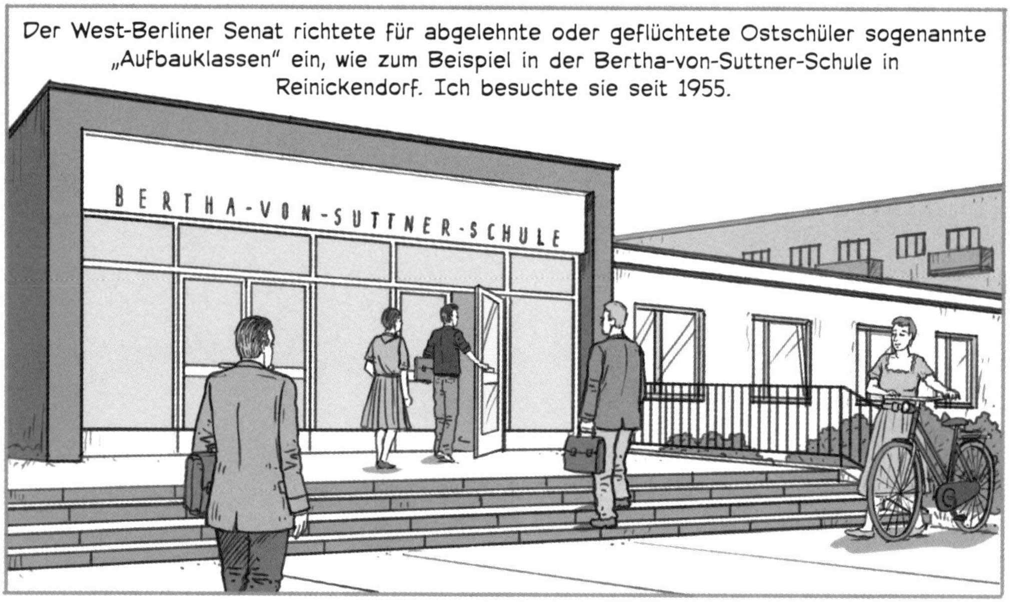
Der West-Berliner Senat richtete für abgelehnte oder geflüchtete Ostschüler sogenannte „Aufbauklassen" ein, wie zum Beispiel in der Bertha-von-Suttner-Schule in Reinickendorf. Ich besuchte sie seit 1955.
BERTHA-VON-SUTTNER-SCHULE

Die Ostklassen waren ein bunt zusammengewürfelter Haufen mit struppigen Charakteren: Es gab große Altersunterschiede, die Schüler kamen aus der ganzen DDR.

Hier war vieles anders und neu.

Peter Pim & Billy Ball,
Peter thick
and
Billy tall
Im Osten hatten wir nur Russisch gelernt.

In der DDR wurde verlangt, im Unterricht die vorherrschende Meinung wiederzugeben. Hier sollten wir aber auf einmal eine individuelle Sicht auf die Dinge haben.
Meine Einschätzung:
Einige meiner Klassenkameraden wohnten in West-Berlin. Ich fuhr täglich wieder zurück nach Ost-Berlin über die Sektorengrenze.
BERTHA-VON-SUTTNER-SCHULE
VOUS QUITTEZ LE SECTEUR FRANÇAIS

* FU: Freie Universität in West-Berlin

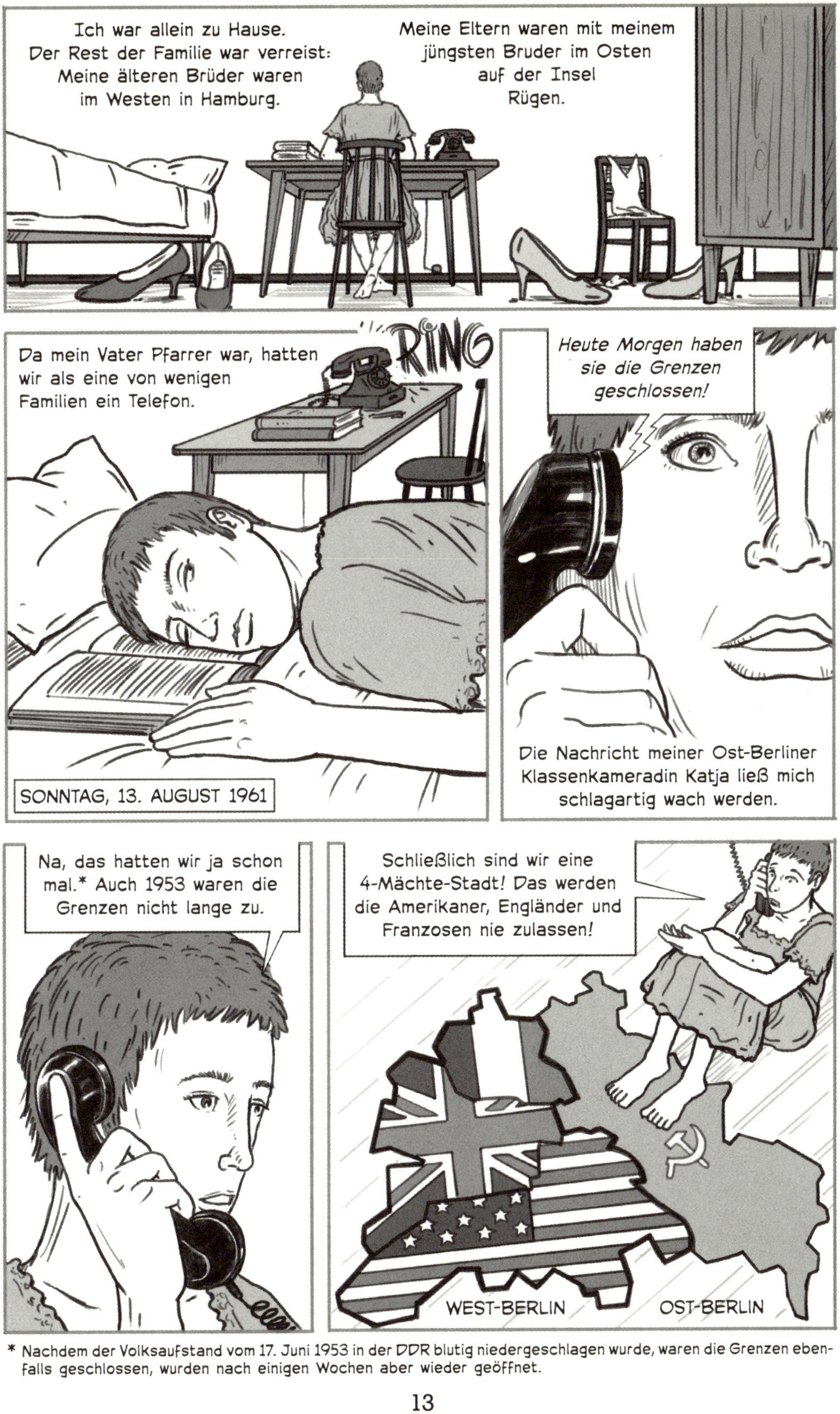

* Nachdem der Volksaufstand vom 17. Juni 1953 in der DDR blutig niedergeschlagen wurde, waren die Grenzen ebenfalls geschlossen, wurden nach einigen Wochen aber wieder geöffnet.

Mit einigen meiner Schulfreunde aus dem Osten wollte ich mir selbst ein Bild vor Ort machen.

Schlupflöcher gab es nicht mehr. Wir wurden eingesperrt.

Man war dabei, das Tor zum Westen zu schließen.

* Ab dem 24. August 1961 konnten West-Berliner dies nicht mehr.

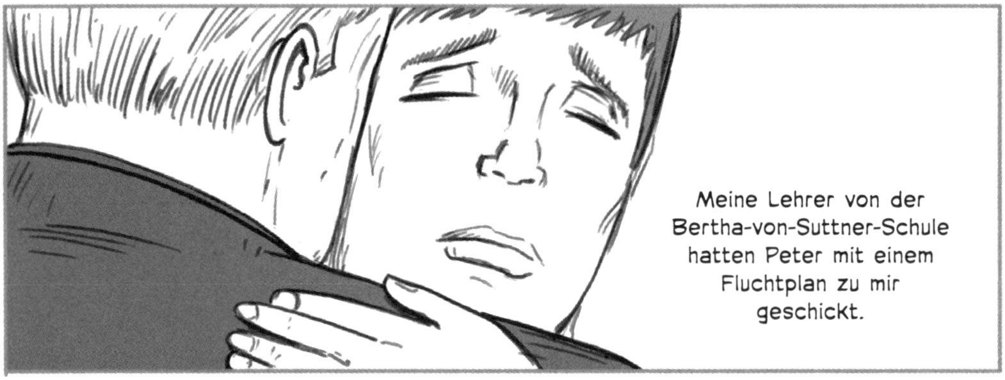
Meine Lehrer von der Bertha-von-Suttner-Schule hatten Peter mit einem Fluchtplan zu mir geschickt.

Personal
Name:
Vorname: Ursula Anna Margarete
Beruf: ohne
geboren am 7. August 1941
Staatsangehörigkeit: Deutschland
Wohnung: Berlin -
Gestalt: mittel
Gesicht: rund
Augenfarbe: blau
Haarfarbe: blond
Besondere Kennzeichen: keine
Unterschrift des Inhabers
Ursula
Mit Ablauf des 1961
wird dieser Ausweis ungültig, falls er nicht verlängert wird.
Berlin, den 1961
Peter hatte den Ausweis meiner West-Berliner Klassenkameradin Ursula dabei: Augenfarbe und Körpergröße stimmten nicht überein. Die einzige Gemeinsamkeit war unser raspelkurzer Haarschnitt. Damit sollte ich über die Grenze gehen.

10
PFENNIG
BUNDESREPUBLIK DEUTSCHLAND
1950
Peter gab mir Westgeld für die Fahrkarte, dann verließ er das Haus. Um 17 Uhr sollte ich mich mit meinen Lehrern Frau Dr. Wellmer, Herrn Dr. Rintelen und Herrn Münzel am Zeitungskiosk am Bahnhof Friedrichstraße treffen.

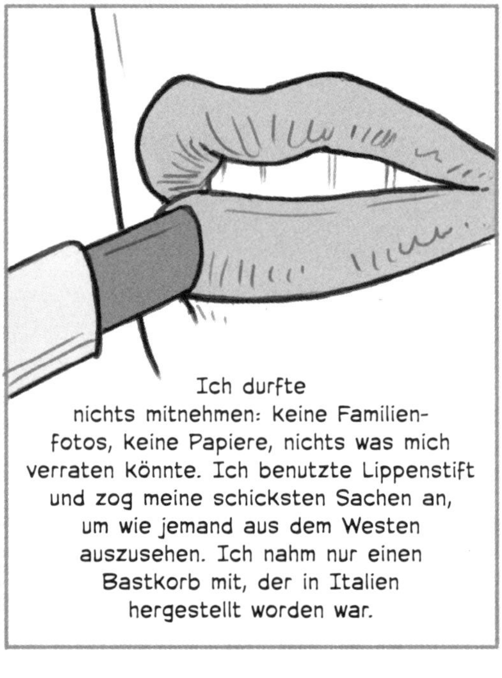
Ich durfte nichts mitnehmen: keine Familienfotos, keine Papiere, nichts was mich verraten könnte. Ich benutzte Lippenstift und zog meine schicksten Sachen an, um wie jemand aus dem Westen auszusehen. Ich nahm nur einen Bastkorb mit, der in Italien hergestellt worden war.

Ich zog die Tür hinter mir zu und verließ das Haus, ohne mich von jemandem zu verabschieden.
BAHNHOF FRIEDRICHSTRASSE, 16. AUGUST 1961
Weitergehen.
Ausweis!

1. Kontrolle
Wann geht der nächste Zug?
Meine Lehrer halten die Kontrolleure durch Fragen davon ab, sich mein Foto genauer anzuschauen.
Schauen Sie auf den Fahrplan!
2. Kontrolle: Zoll
Führen Sie Zahlungsmittel der DDR mit sich?
Nein.
3. Kontrolle vor dem Aufgang zum Bahnsteig

Als wir oben ankommen, sehen wir nur noch die Rücklichter der abfahrenden S-Bahn.

Die Minuten, bis der nächste Zug kommt, erscheinen wie eine Ewigkeit.
Wir bleiben nicht in einer Gruppe zusammen, sondern verteilen uns auf dem Bahnsteig.
Es wimmelt von Uniformierten.

Ein Soldat kommt auf mich zu.
Er schaut mir prüfend ins Gesicht.
BERLIN-FRIEDRICHSTRASSE
Er scheint zu überlegen, ob wir uns kennen.
Ich erkenne ihn sofort.
BERLIN-FRIEDRICHSTRASSE
Er ist ein ehemaliger Konfirmand meines Vaters.

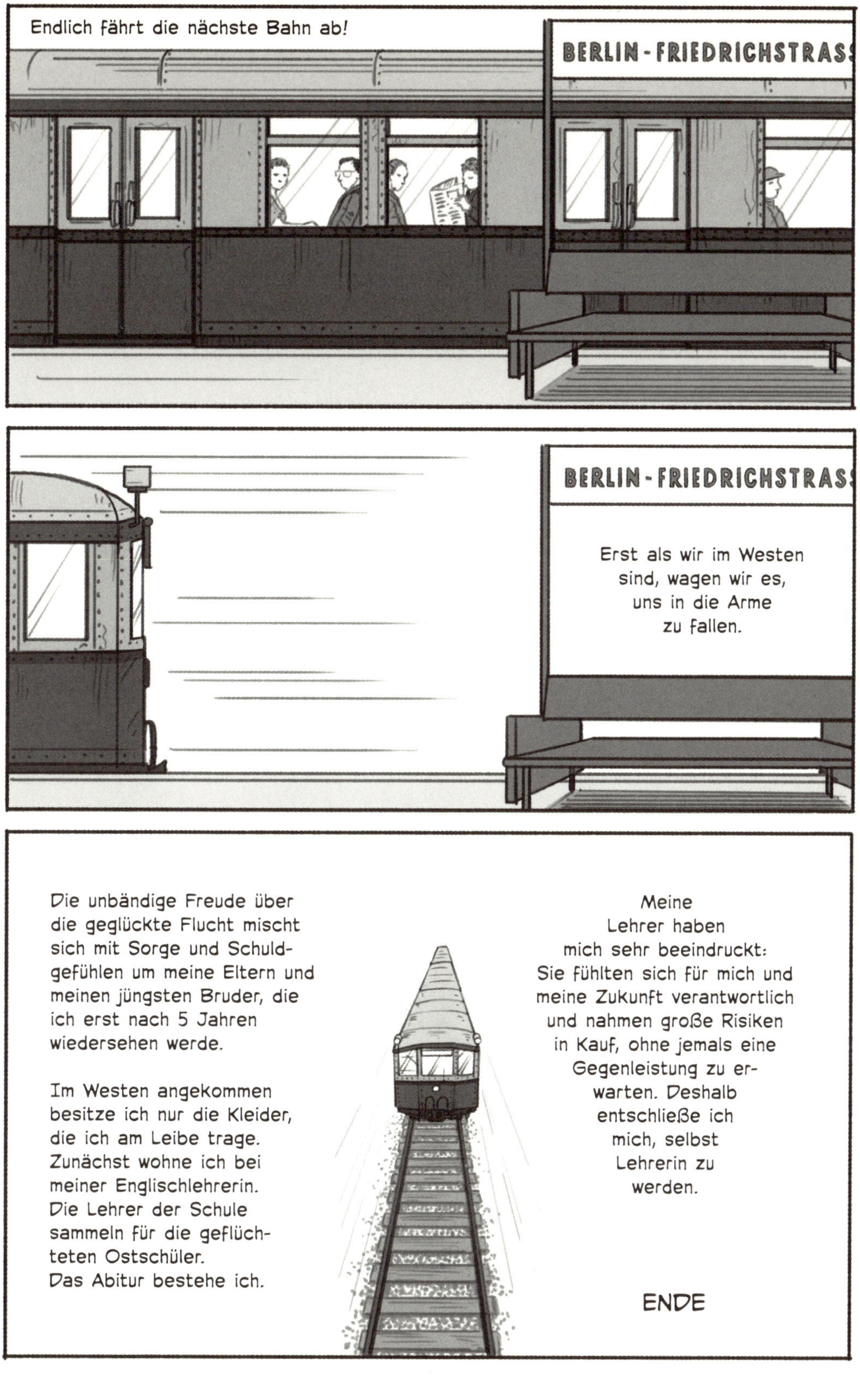
Endlich fährt die nächste Bahn ab!
BERLIN-FRIEDRICHSTRASS
BERLIN-FRIEDRICHSTRASS
Erst als wir im Westen sind, wagen wir es, uns in die Arme zu fallen.
Die unbändige Freude über die geglückte Flucht mischt sich mit Sorge und Schuldgefühlen um meine Eltern und meinen jüngsten Bruder, die ich erst nach 5 Jahren wiedersehen werde.
Im Westen angekommen besitze ich nur die Kleider, die ich am Leibe trage. Zunächst wohne ich bei meiner Englischlehrerin. Die Lehrer der Schule sammeln für die geflüchteten Ostschüler. Das Abitur bestehe ich.
Meine Lehrer haben mich sehr beeindruckt: Sie fühlten sich für mich und meine Zukunft verantwortlich und nahmen große Risiken in Kauf, ohne jemals eine Gegenleistung zu erwarten. Deshalb entschließe ich mich, selbst Lehrerin zu werden.
ENDE

Deutschland und Berlin werden geteilt

Die vier Sektoren Berlins

Der Bau der Berliner Mauer am 13. August 1961, der um ein Haar Regina Zywietz' Abitur verhindert hätte, war der vorläufige Höhepunkt einer bereits 16 Jahre dauernden dramatischen Entwicklung: Nach dem Zweiten Weltkrieg wurde Deutschland in vier Besatzungszonen gegliedert, in die drei westlichen Zonen der USA, Großbritanniens und Frankreichs und in die „Ostzone" der Sowjetunion. Während in den drei Westzonen – der späteren Bundesrepublik – eine parlamentarische Demokratie nach westlichem Vorbild entstand, verfolgte die Sowjetunion im Osten ein anderes Ziel: Gestützt auf das Machtmonopol der Sozialistischen Einheitspartei Deutschlands (SED) mit Walter Ulbricht an der Spitze etablierte Moskau hier eine Diktatur, die den anderen sowjetisch kontrollierten Ostblockstaaten entsprach: Die Versammlungs-, Vereinigungs- und Pressefreiheit wurden aufgehoben. Eine mit weitreichenden Kompetenzen ausgestattete Geheimpolizei, die 1950 gegründete Staatssicherheit (kurz „Stasi"), unterdrückte im Auftrag der alleinregierenden SED jegliches Aufbegehren. Die ostdeutsche Gesellschaft wurde von der scheinbar allwissenden Stasi, die nicht vor willkürlichen Verhaftungen zurückschreckte, eingeschüchtert. Wer das neue sozialistische System nicht mittragen wollte, ging ein hohes Risiko ein und konnte nur selten auf die Unterstützung anderer hoffen.

Walter Ulbricht

Gleichzeitig trieb die Regierung der Deutschen Demokratischen Republik (DDR), wie sich die sowjetische Zone seit Oktober 1949 nannte, die Teilung des Landes weiter voran. Ab Mai 1952 richtete sie eine fünf Kilometer breite Sperrzone entlang der Grenze zur Bundesrepublik ein und ging gegen DDR-Bewohner vor, die in den Westen pendelten, um dort zu studieren oder zu arbeiten. Der unkontrollierte Grenzübertritt von Deutschland-Ost nach Deutschland-West und umgekehrt war unterbunden.

Fahne der DDR

In Berlin war die Lage etwas anders: So wie Deutschland in vier Besatzungszonen gegliedert war, wurde die Stadt ebenfalls in vier Sektoren unterteilt. Da Berlin als Ganzes in der sowjetischen Ostzone lag, befanden sich die drei von den Westalliierten verwalteten Sektoren West-Berlins mitten in der DDR. Nach wie vor arbeiteten viele Ost-Berliner und Bewohner des Berliner (DDR-)Umlands in Betrieben, die nun zu West-Berlin gehörten. Zahlreiche Schüler und Studenten aus dem Osten besuchten Einrichtungen im Westen der Stadt. Umgekehrt wohnten andere Studenten, Lehrer, Mediziner, Dozenten oder auch Professoren im jetzigen Westteil und fuhren mit der S-Bahn, die die Sektoren weiterhin verband, zur Arbeit nach Ost-Berlin. Aber auch hier trieb die SED die Trennung der beiden Stadthälften weiter voran.

Nikita Chruschtschow

Ab Ende der fünfziger Jahre spitzte sich die Situation in und um Berlin zu. Der sowjetische Staats- und Parteichef Nikita Chruschtschow forderte 1958 im sogenannten „Berlin-Ultimatum", dass der Westteil der Stadt in eine „selbstständige politische Einheit" umgewandelt werden müsse. Dazu waren die Westalliierten jedoch nicht bereit, da es darauf hinausgelaufen wäre, West-Berlin aufzugeben. Im Mai 1960 scheiterte eine Gipfelkonferenz in Paris, woraufhin sich die Situation abermals verschärfte. Hinter all dem stand vor allem ein politisches Kalkül, denn der Moskauer und Ost-Berliner Führung bereitete West-Berlin als „Stachel im Fleisch der DDR“ ernsthaft Sorge. West-Berlin mit seiner demokratischen Gesellschaft und dem westlichen Warenangebot lag mitten in der DDR und war vom Osten aus immer noch relativ einfach zu erreichen. Da von hier aus Rundfunkanstalten kritische Beiträge sendeten, ließ sich die DDR kaum gegen demokratisches Gedankengut und westlichen Lebensstil abschirmen. Hinzu kam die zunehmende Zahl von Ostdeutschen, die dem Sozialismus den Rücken kehrten und über die offenen Sektorengrenzen nach West-Berlin flüchteten. Innenpolitische Repressionen, zu denen es beispielsweise im Gefolge der Zwangskollektivierung der Landwirtschaft kam, ließen die Zahl der Flüchtenden jeweils rapide ansteigen. Zwischen 1949 und 1961 sind insgesamt etwa 2,7 Millionen Menschen aus der DDR geflüchtet.

Kurz vor Regina Zywietz' Abiturprüfung, in der Nacht vom 12. auf den 13. August 1961, gab Walter Ulbricht um ein Uhr in der Früh den entscheidenden Befehl zur Abrieglung der innerstädtischen Grenze. In den Morgenstunden des 13. August zogen paramilitärische Kampfgruppenverbände, die Deutsche Grenzpolizei und die Kasernierte Volkspolizei auf und riegelten die Grenzen ab. In den nächsten Tagen und Wochen folgte der Ausbau mit Stacheldrahtverhauen, Sperren, Betonplatten und mittels einer eiligst hochgezogenen Mauer. Berlin und Deutschland waren geteilt, tausende Familien und Freunde voneinander getrennt. West-Berlin war zu einer ummauerten Insel inmitten der DDR geworden, an deren Grenzen scharf auf jeden geschossen wurde, der versuchte, in den Westteil der Stadt zu gelangen ...

Berliner Mauer der ersten Generation

VOR ORT

Der **BAHNHOF FRIEDRICHSTRASSE** wurde nach dem Mauerfall komplett umgestaltet und renoviert. Auf dem Vorplatz befindet sich aber noch der sogenannte **TRÄNENPALAST**, in dem sich zu DDR-Zeiten die Ausreisehalle des Grenzübergangs befand. Heute kann dort die Ausstellung „GrenzErfahrungen. Alltag der deutschen Teilung“ besichtigt werden.

www.hdg.de/berlin

▶ **S- und U-Bahnhof Friedrichstraße**

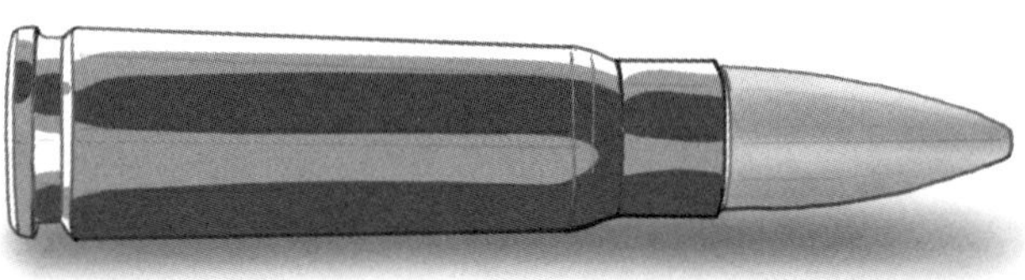

PATRONE KALIBER 7,62 X 39 MM

URSULA MALCHOW: Das Krankenhaus an der Mauer

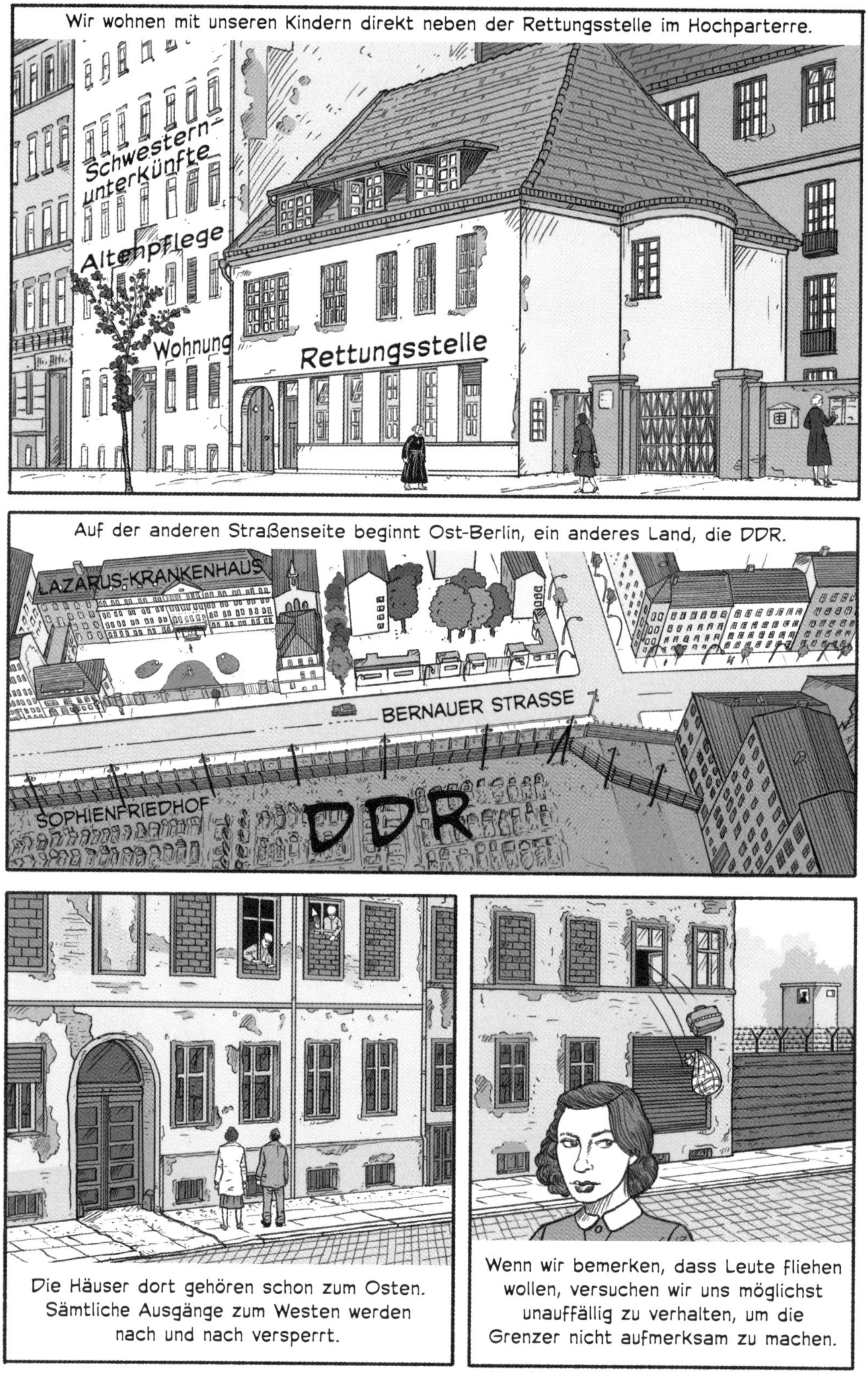
Wir wohnen mit unseren Kindern direkt neben der Rettungsstelle im Hochparterre.
Schwestern-unterkünfte
Altenpflege
Wohnung
Rettungsstelle
Auf der anderen Straßenseite beginnt Ost-Berlin, ein anderes Land, die DDR.
LAZARUS-KRANKENHAUS
BERNAUER STRASSE
SOPHIENFRIEDHOF
DDR
Die Häuser dort gehören schon zum Osten. Sämtliche Ausgänge zum Westen werden nach und nach versperrt.
Wenn wir bemerken, dass Leute fliehen wollen, versuchen wir uns möglichst unauffällig zu verhalten, um die Grenzer nicht aufmerksam zu machen.

Immer wieder versuchen Menschen verzweifelt, auf die andere Seite in den Westen zu gelangen:
Einige flüchten über die Dächer, wobei sie von Grenztruppen verfolgt werden.
Manche werden von Grenzposten nach oben in den Osten gezerrt, während unten West-Berliner versuchen, sie in den Westen zu ziehen.
Die West-Berliner Polizei versucht, Fliehende zu schützen. Notfalls auch mit der Waffe.
Einige Flüchtlinge seilen sich an zusammengeknoteten Bettlaken ab.
Andere springen in die aufgespannten Sprungtücher der alarmierten Feuerwehr.
Es kommt aber auch öfters vor, dass ein Laken reißt ...
KRACK

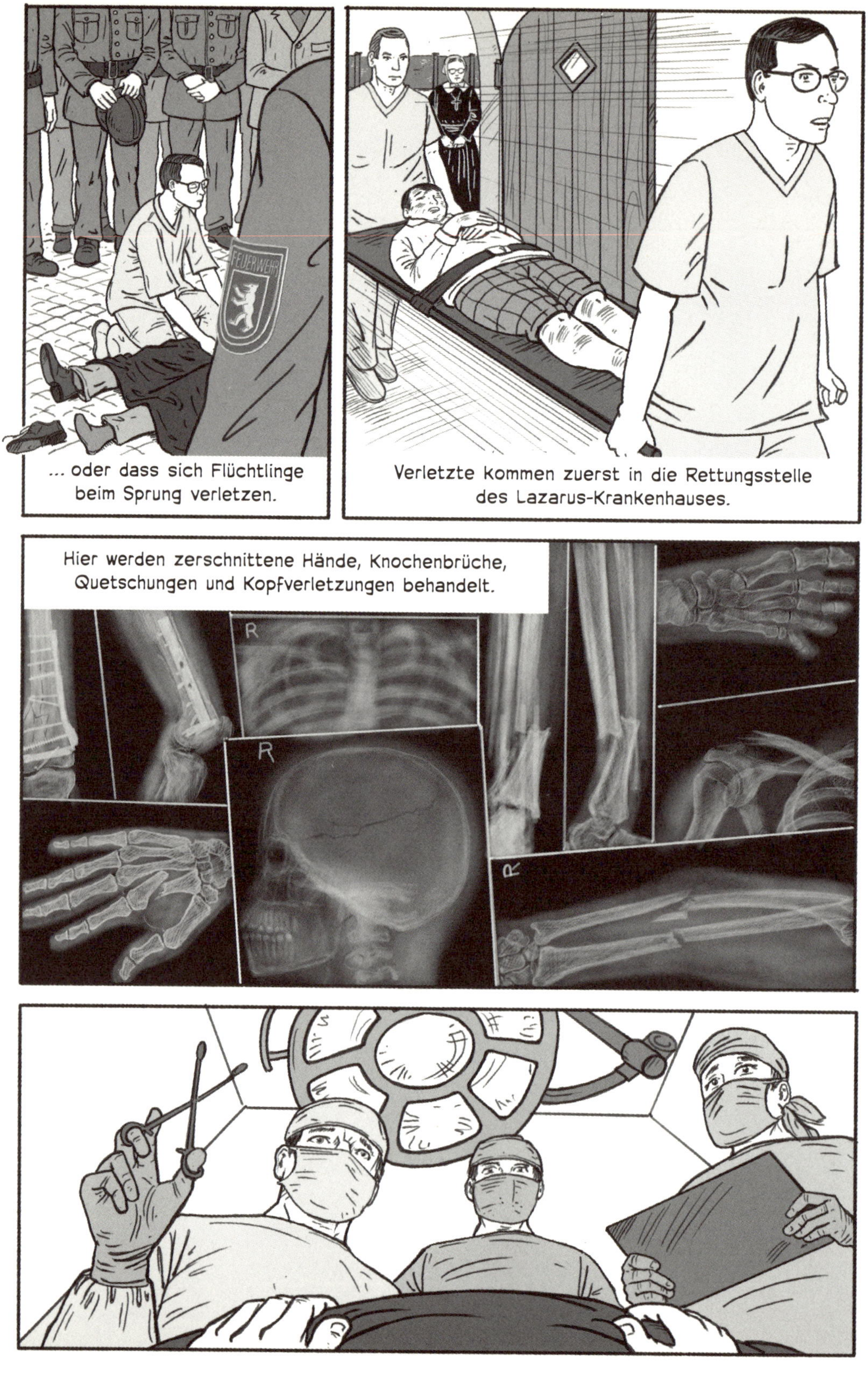
... oder dass sich Flüchtlinge beim Sprung verletzen.
FEUERWEHR
Verletzte kommen zuerst in die Rettungsstelle des Lazarus-Krankenhauses.
Hier werden zerschnittene Hände, Knochenbrüche, Quetschungen und Kopfverletzungen behandelt.
R
R
R

MACHT DIE MAUER AUF!
Doch die Patienten kommen bei uns nicht zur Ruhe.
MAUER AUF!
AUF
Viele West-Berliner bringen ihre Wut auf das DDR-Regime hier zum Ausdruck.
HUUUP!
HUUUP!
Berlin Reisen
HUUUP!
HUUUP!
Außerdem ist die Mauer zur Touristenattraktion geworden, an der die Menschen aus Protest hupen.
Gegen die permanente Ruhestörung protestieren wir mit einer Menschenkette.
Im Bereich de
Krankenhaus
nicht hupe
Später wird ein Schild aufgestellt.

Dem Gründer
des
Lazarus-Hauses
Wilhelm Boegehold
SOPHIENFRIEDHOF, OST-BERLIN

HALT! STEHEN BLEIBEN!
Wird auf der anderen Seite geschossen, schlagen öfters auch Querschläger in die Rettungsstelle ein.
TAKTAKTAKTAK

Die West-Berliner Polizei sucht dann mit Scheinwerfern das Gelände ab, um die Patronenhülsen als Beweismaterial sicherzustellen.
POLIZEI
Dies führt regelmäßig zu Konflikten mit unserem Chefarzt.
Die Projektile können Sie auch morgen suchen. Die Patienten brauchen jetzt ihren Schlaf.
Verlassen Sie nun das Gelände.
Für Verletzte und Flüchtlinge ist die Rettungsstelle Tag und Nacht geöffnet.

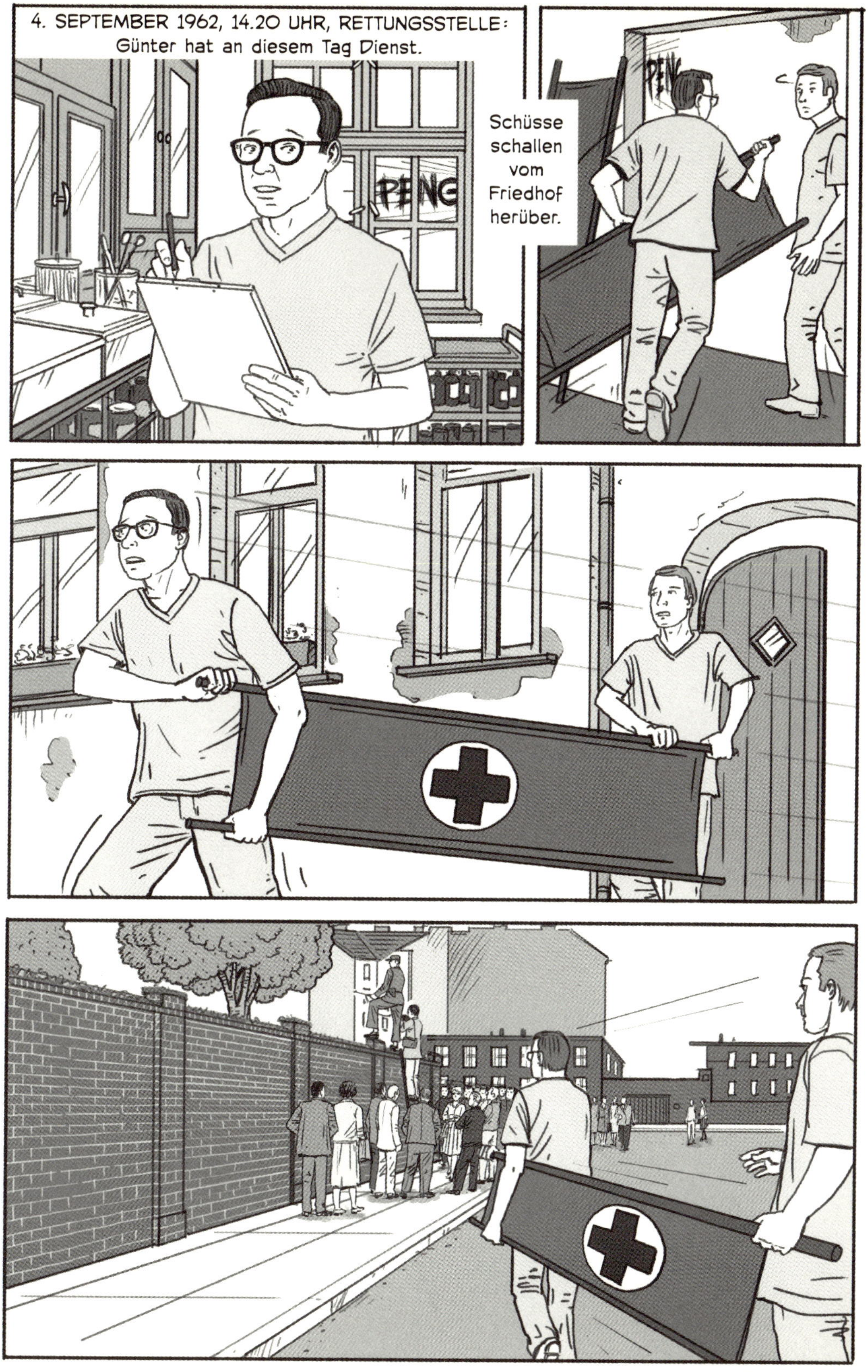
4. SEPTEMBER 1962, 14.20 UHR, RETTUNGSSTELLE:
Günter hat an diesem Tag Dienst.
PENG
Schüsse schallen vom Friedhof herüber.
PENG

MÖRDER!!
Was ist passiert?
Auf dem Sophienfriedhof direkt hinter der Mauer ist heute Besuchstag von 14 bis 18 Uhr. Da dürfen Ost-Berliner unter Aufsicht von Grenzposten die Gräber ihrer Angehörigen besuchen.
ERNST MUNDT (41) fährt mit seinem Fahrrad über die Bergstraße bis zur ersten Sperre. An der Friedhofsmauer stellt er sein Rad ab.

WEST
OST
Mach keinen Mist! Komm da runter!
Nein, ich komme nicht!

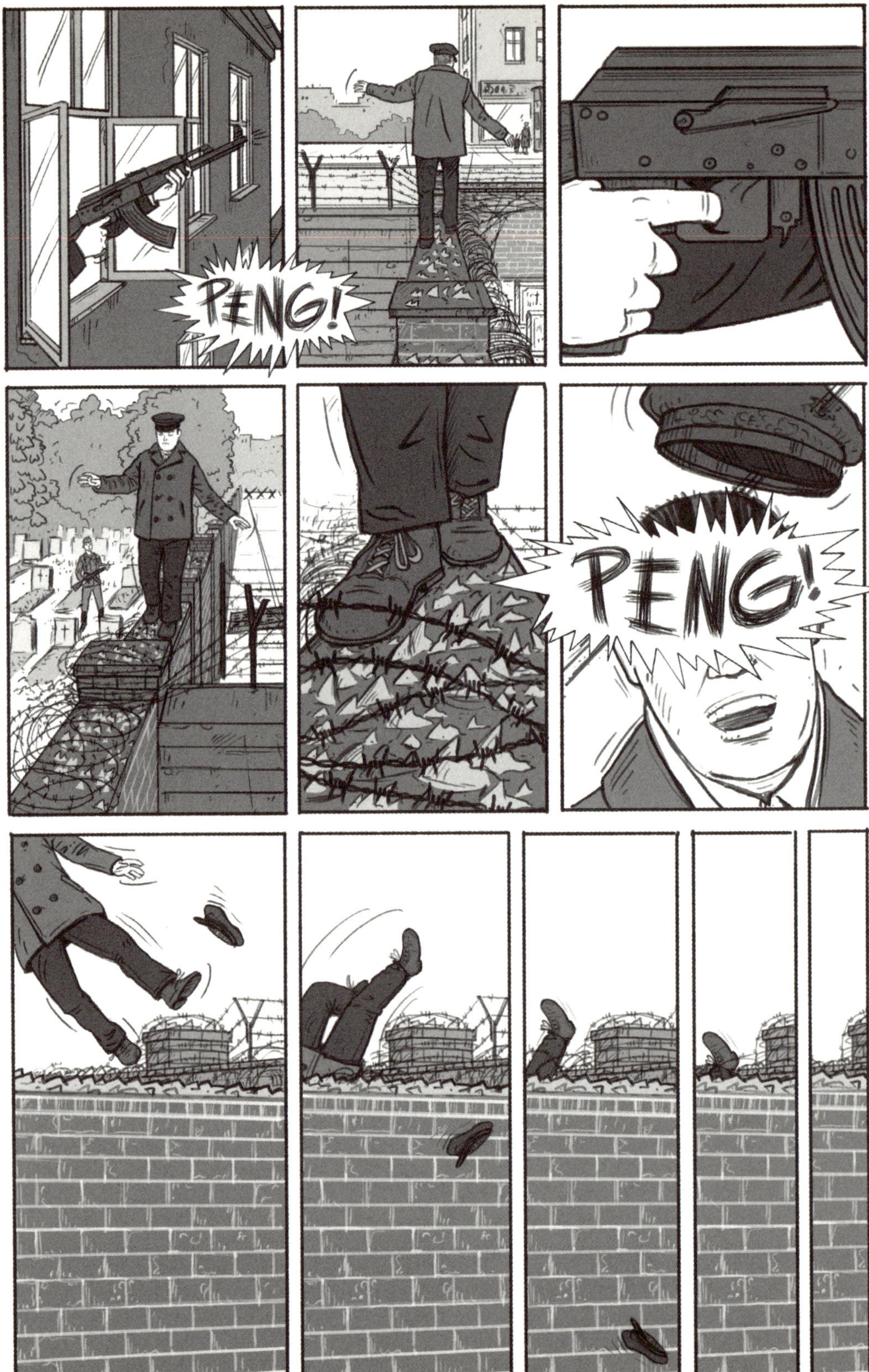
PENG!
PENG!

Ernst Mundt wollte zu seiner Mutter nach West-Berlin fliehen. Doch nur seine Mütze erreicht den Westen.
Ernst Mundt ist das fünfte Todesopfer an der Bernauer Straße. An der Berliner Mauer werden 136 Menschen zu Tode kommen.
ENDE

Die
Mauer riss
ganze Familien
auseinander

Tod an der Grenze

In den Monaten und Jahren nach dem Mauerbau schien das nicht für möglich Gehaltene schreckliche Wirklichkeit zu werden. Eine komplette Stadt wurde systematisch getrennt, Straßen, Schifffahrtswege, U- und S-Bahnen unterbrochen. Über zahllose Familien brachte die Abriegelung der Grenzen schweres Leid: Wohnte eine Hälfte der Familie im anderen Teil Deutschlands, bestand auf absehbare Zeit keine Möglichkeit, sich wiederzusehen. Ob dies jemals wieder möglich sein würde, war vollkommen ungewiss. Eltern und Kinder, Geschwister, Großeltern und Enkel, Liebespaare, Freundeskreise, Schulkameraden und Arbeitskollegen wurden voneinander getrennt. Tausende verloren ihre Arbeit, ihren Besitz oder ihre Wohnung im jeweils anderen Landesteil. Und: Niemand konnte sich mehr der Diktatur in Ostdeutschland entziehen und im Westen ein selbstbestimmtes Leben beginnen. Die Grenzen waren dicht.

West-Berlin war komplett vom Umland abgeschnitten und nur noch über drei Transitstrecken und Zugverbindungen mit der Bundesrepublik verbunden. Hinzu kamen die von den Alliierten betriebenen Fluglinien, die jene benutzen mussten, denen beim Transit durch die DDR die Verhaftung drohte. Umfangreiche Subventionen und zahlreiche Förderprogramme sicherten das Überleben der zur Insel gewordenen Halbstadt. Mittels einer Berlin-Zulage sollten Betriebe von der Abwanderung ins Bundesgebiet abgehalten werden. Da die Berliner S-Bahn auch im Westteil der Stadt von der DDR betrieben wurde, rief man nach dem Mauerbau zu deren Boykott auf und baute hier das U-Bahn-Netz verstärkt aus.

In Ost-Berlin wurden im Laufe der Zeit die Grenzanlagen immer weiter ausgebaut und perfektioniert. Gebäude, die auf der Ostseite in unmittelbarer Grenznähe standen, wurden geräumt und häufig abgerissen, um weitere Fluchten zu verhindern und „Schussfreiheit" zu schaffen. Ein neuralgischer Punkt war die Bernauer Straße zwischen Mitte (Ost) und Wedding (West), wo auch das Lazarus-Krankenhaus steht. Hier teilte der Mauerbau eine eng bebaute Straße längs der Häuserflucht in einen Ost- und Westteil. In der Bernauer Straße erfolgte die Aussiedlung der Bewohner der (Ost-)Häuser, deren Gehsteig bereits zum Westen zählte, in einer generalstabsmäßig angelegten Zwangsräumung am 25. und 26. September 1961. Zunächst wurden die Fenster Richtung Westen zugemauert. Nachdem man 1962 damit begonnen hatte, die Hinterhäuser abzureißen, folgte 1965 der flächendeckende Abriss der Vorderhäuser bis auf die Außenmauern der Erdgeschosse. Diese dienten zunächst als provisorische Grenzbefestigung und wurden in die Grenzmauer – die West-Berlin am nächsten liegende von zwei Mauern – integriert. Um gegenüber dem Westen einen guten Eindruck zu machen, wurden die aus dem Westteil einsehbaren Häuser auf der Ostseite ab Mitte der achtziger Jahre einer Renovierungs- und Schönheitsoperation unterzogen. In den dahinterliegenden Straßen ging der Verfall jedoch unaufhaltsam weiter. Leer werdende Wohnungen in Häusern unmittelbar an der Grenze wurden nur noch an „zuverlässige" Bürger vergeben – im Idealfall also an Parteigenossen.

Zugemauerte Fenster in
der Bernauer Straße

Auf Ost-Berliner Seite waren selbst mehrere grenznahe Friedhöfe nur noch mit einem „Grenzberechtigungsschein“ erreichbar. Der Ost-Berliner Magistrat dehnte später die verbotenen Bereiche weiter aus und schaffte durch Umbettungen der Verstorbenen zusätzlich Blickfreiheit – so beispielsweise auf dem Sophienfriedhof an der Bernauer Straße gegenüber dem Lazarus-Krankenhaus.

Allein in die Nähe der Mauer zu gelangen, wurde also im Laufe der Jahre immer schwieriger. Flüchtlinge, die tatsächlich bis an die Grenzsperren vorgedrungen waren, setzten sich beim Versuch, diese zu überwinden, tödlichen Gefahren aus. In den 28 Jahren, in denen die Mauer Berlin teilte, verloren hier mindestens 136 Menschen ihr Leben, davon 98 Flüchtlinge: Sie wurden erschossen, verunglückten beim Fluchtversuch oder nahmen sich angesichts der ausweglosen Lage während der Flucht das Leben. 30 Personen, die gar nicht flüchten wollten, verunglückten im Grenzbereich oder wurden versehentlich erschossen. Ums Leben kamen zudem acht DDR-Grenzsoldaten.

Von der spektakulären Flucht einer ganzen Familie im Jahr 1965 erzählt die folgende Geschichte ...

Grenznaher Friedhof

Gedenkplatte für den damals noch unbekannten Ernst Mundt in der Bernauer Straße

VOR ORT

Das **LAZARUS-KRANKENHAUS** steht noch heute in der Bernauer Straße 114-118. An den Nebengebäuden sind teilweise noch die Einschusslöcher der Grenzsoldaten zu sehen. Besonders empfehlenswert ist hier ein Besuch der **GEDENKSTÄTTE BERLINER MAUER**. In einer großen Freiluftausstellung im ehemaligen Todesstreifen sind die Grenzbefestigungen sowie eine Ausstellung zur Geschichte der Teilung zu sehen. Auf dem Gelände befinden sich ebenfalls das **BESUCHERZENTRUM** der Gedenkstätte, die **KAPELLE DER VERSÖHNUNG** sowie das **DOKUMENTATIONSZENTRUM** mit Aussichtsturm und einer Ausstellung zur Berliner Mauer.

Im S-Bahnhof **NORDBAHNHOF** informiert die Ausstellung „Grenz- und Geisterbahnhöfe im geteilten Berlin“ über die Auswirkungen des Mauerbaus auf das Verkehrsnetz der Stadt und zeigt Dokumente ehemaliger „Geisterbahnhöfe“.

www.berliner-mauer-gedenkstaette.de

- **Tram-Haltestelle Gedenkstätte Berliner Mauer**
- **S-Bahnhof Nordbahnhof**
- **U-Bahnhof Naturkundemuseum**
- **U-Bahnhof Bernauer Straße**

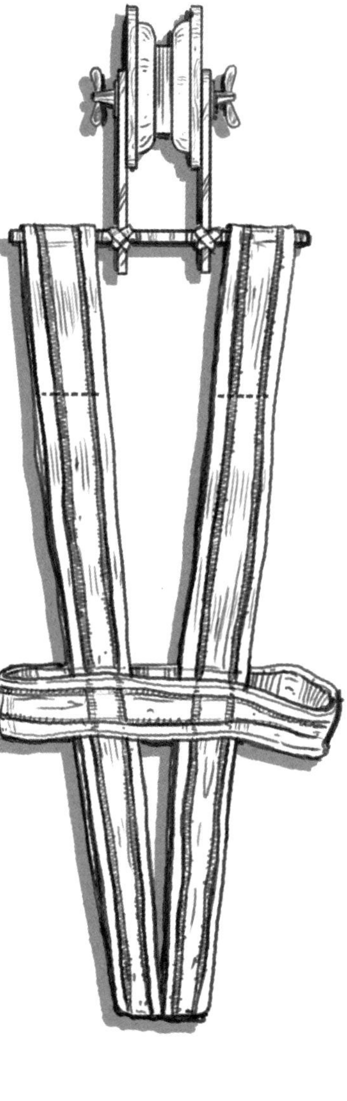

HANDGEFERTIGTE SEILBAHNROLLE MIT TRAGEGURT

FAMILIE HOLZAPFEL: Mit der Seilbahn über die Mauer

Der Westen ist dem „Arbeiter- und Bauernstaat" weit überlegen, die hohlen Phrasen können dies nicht mehr kaschieren.
Heute will er mit seiner Frau JUTTA und Sohn GÜNTER (9 Jahre) aus der DDR fliehen.
Die Flucht hat er sorgfältig geplant: Für sich und seine Frau hat er Passierscheine besorgt, Kinder in Begleitung Erwachsener brauchen keinen.

* HO = staatliche Handelsorganisation

17.05 UHR: Dienstschluss in den Ministerien. Alle Mitarbeiter verlassen das Gebäude.

D
TOILETTE GESCHLOSSEN. Bitte die am Ende des Ganges benutzen.

Die Familie versteckt sich auf der Toilette. Heinz Holzapfel hatte die Tür von innen mit einem Verschlusseisen verriegelt und von außen das Schild angebracht.

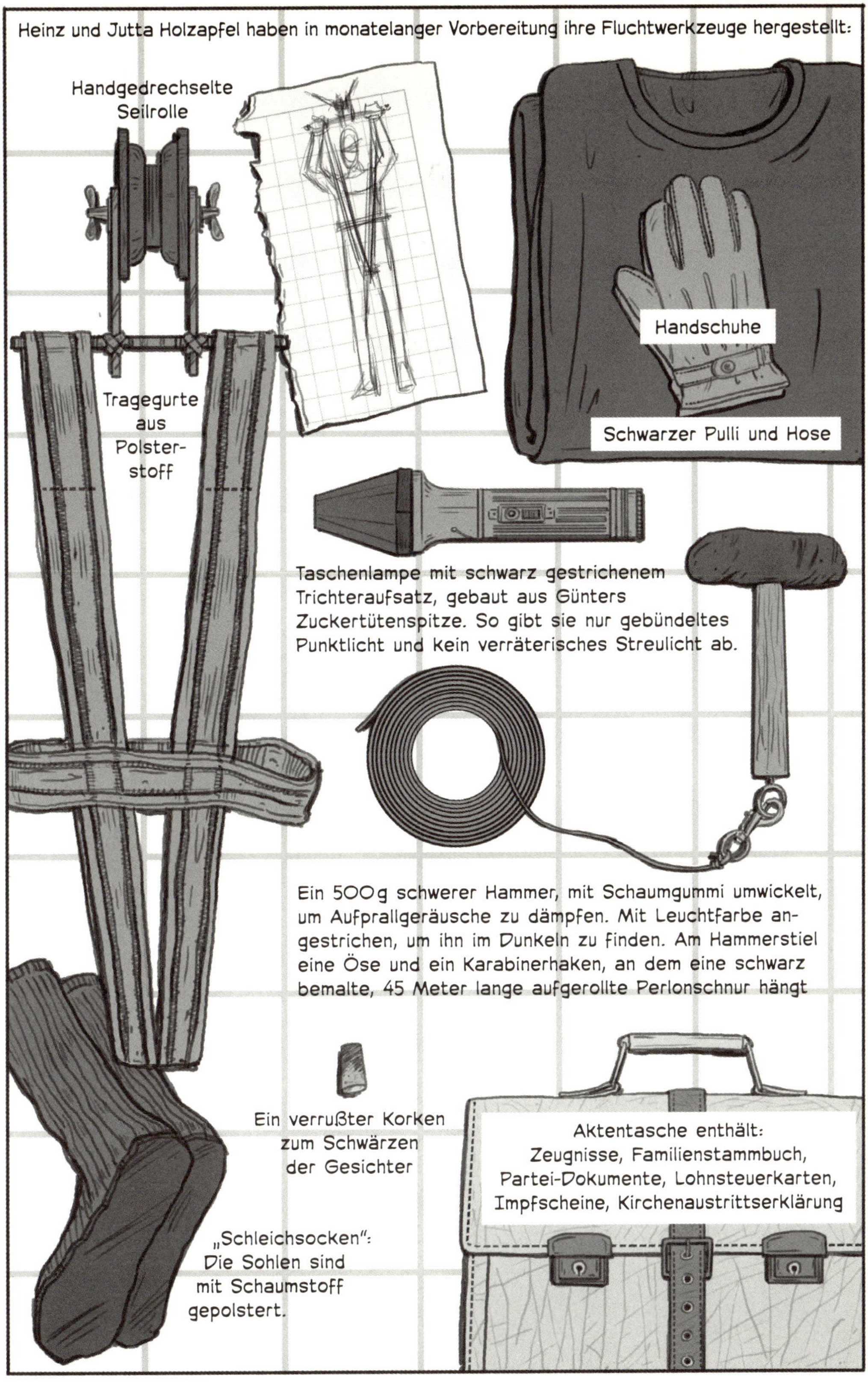
Heinz und Jutta Holzapfel haben in monatelanger Vorbereitung ihre Fluchtwerkzeuge hergestellt:
Handgedrechselte Seilrolle
Handschuhe
Schwarzer Pulli und Hose
Tragegurte aus Polsterstoff
Taschenlampe mit schwarz gestrichenem Trichteraufsatz, gebaut aus Günters Zuckertütenspitze. So gibt sie nur gebündeltes Punktlicht und kein verräterisches Streulicht ab.
Ein 500g schwerer Hammer, mit Schaumgummi umwickelt, um Aufprallgeräusche zu dämpfen. Mit Leuchtfarbe angestrichen, um ihn im Dunkeln zu finden. Am Hammerstiel eine Öse und ein Karabinerhaken, an dem eine schwarz bemalte, 45 Meter lange aufgerollte Perlonschnur hängt
Ein verrußter Korken zum Schwärzen der Gesichter
Aktentasche enthält: Zeugnisse, Familienstammbuch, Partei-Dokumente, Lohnsteuerkarten, Impfscheine, Kirchenaustrittserklärung
„Schleichsocken": Die Sohlen sind mit Schaumstoff gepolstert.

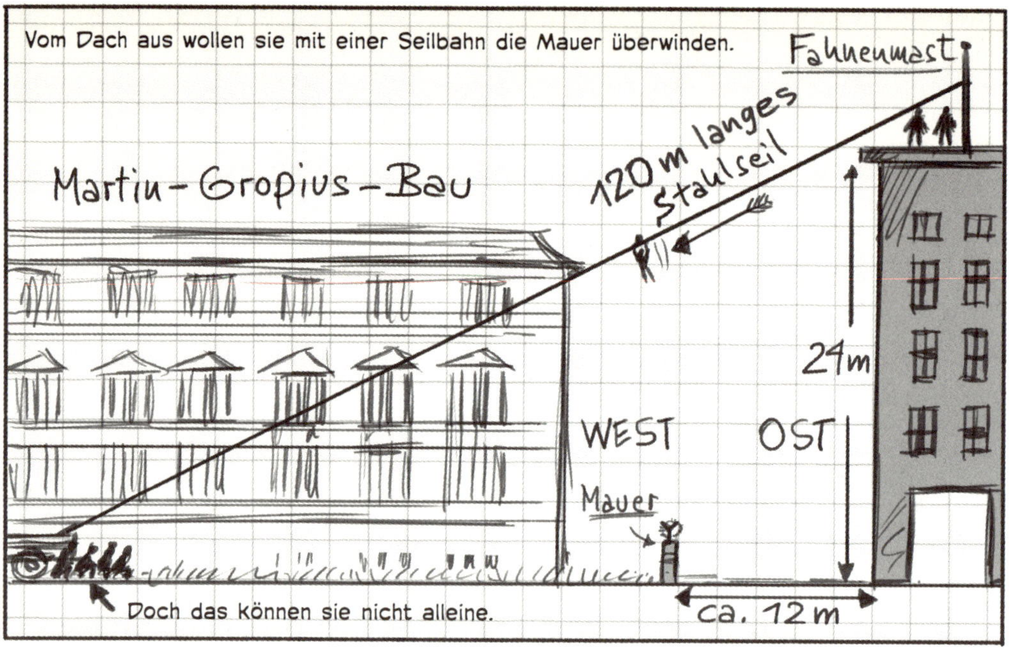
Vom Dach aus wollen sie mit einer Seilbahn die Mauer überwinden.
Fahnenmast
Martin-Gropius-Bau
120 m langes Stahlseil
24m
WEST
OST
Mauer
Doch das können sie nicht alleine.
ca. 12 m

Vier Familienangehörige aus dem Westen unterstützen sie dabei:
KURT HOLZAPFEL aus Mainz, der Bruder
HERMANN SCHMIDT aus Nürnberg, der Schwager
GERHARD LINDNER und
KURT LINDNER aus Burgheim, die Brüder Juttas

Und wenn sie schießen?
Zum Dach hinauf werden sie nicht schießen, weil uns dort niemand sieht.
Wenn wir vorsichtig sind, werden sie auch die Seilbahn nicht sehen.

21.45 UHR

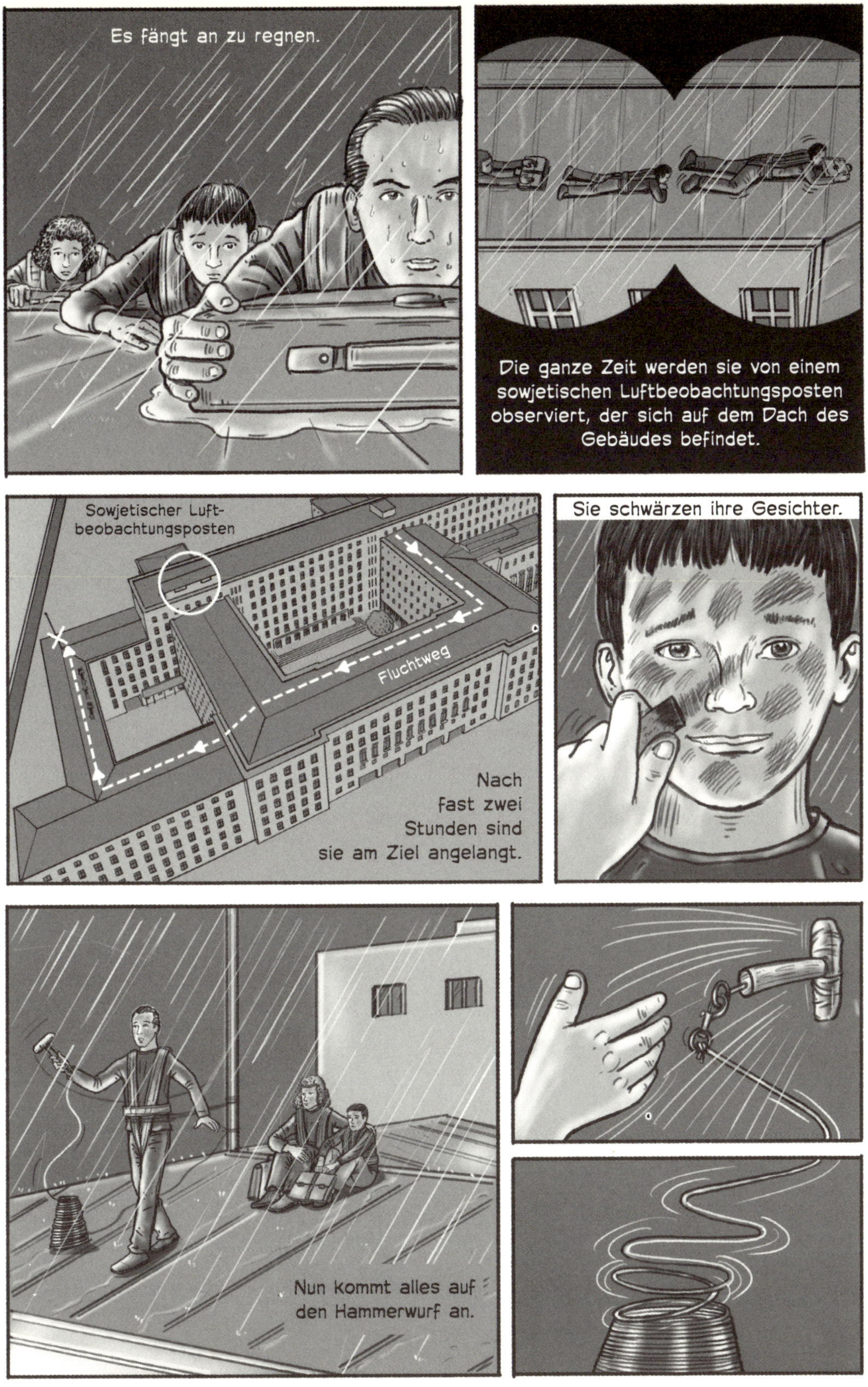
Es fängt an zu regnen.
Die ganze Zeit werden sie von einem sowjetischen Luftbeobachtungsposten observiert, der sich auf dem Dach des Gebäudes befindet.
Sowjetischer Luftbeobachtungsposten
Fluchtweg
Nach fast zwei Stunden sind sie am Ziel angelangt.
Sie schwärzen ihre Gesichter.
Nun kommt alles auf den Hammerwurf an.

Ein Helfer löst den Karabinerhaken mit der Perlonschnur vom Hammer.
Die Perlonschnur wird mit einem acht Millimeter dicken Stahlseil verbunden.
Mit vereinten Kräften ziehen Jutta und Heinz Holzapfel das schwere Seil nach oben und befestigen es am Fahnenmast.
Signal an die Helfer, dass das Seil nun gestrafft werden kann.

Das Seil hängt aber zu straff über der Dachkante.
Heinz Holzapfel muss es mit der Schulter anheben, um einen Zwischenraum zwischen Seil und Dachkante zu schaffen.
Nur dann ist das Seil hoch genug, um mit dem Tragegeschirr an der Dachkante vorbeizukommen.
Sie hoffen, dass auf den Ersten wegen des Überraschungseffekts nicht geschossen wird.

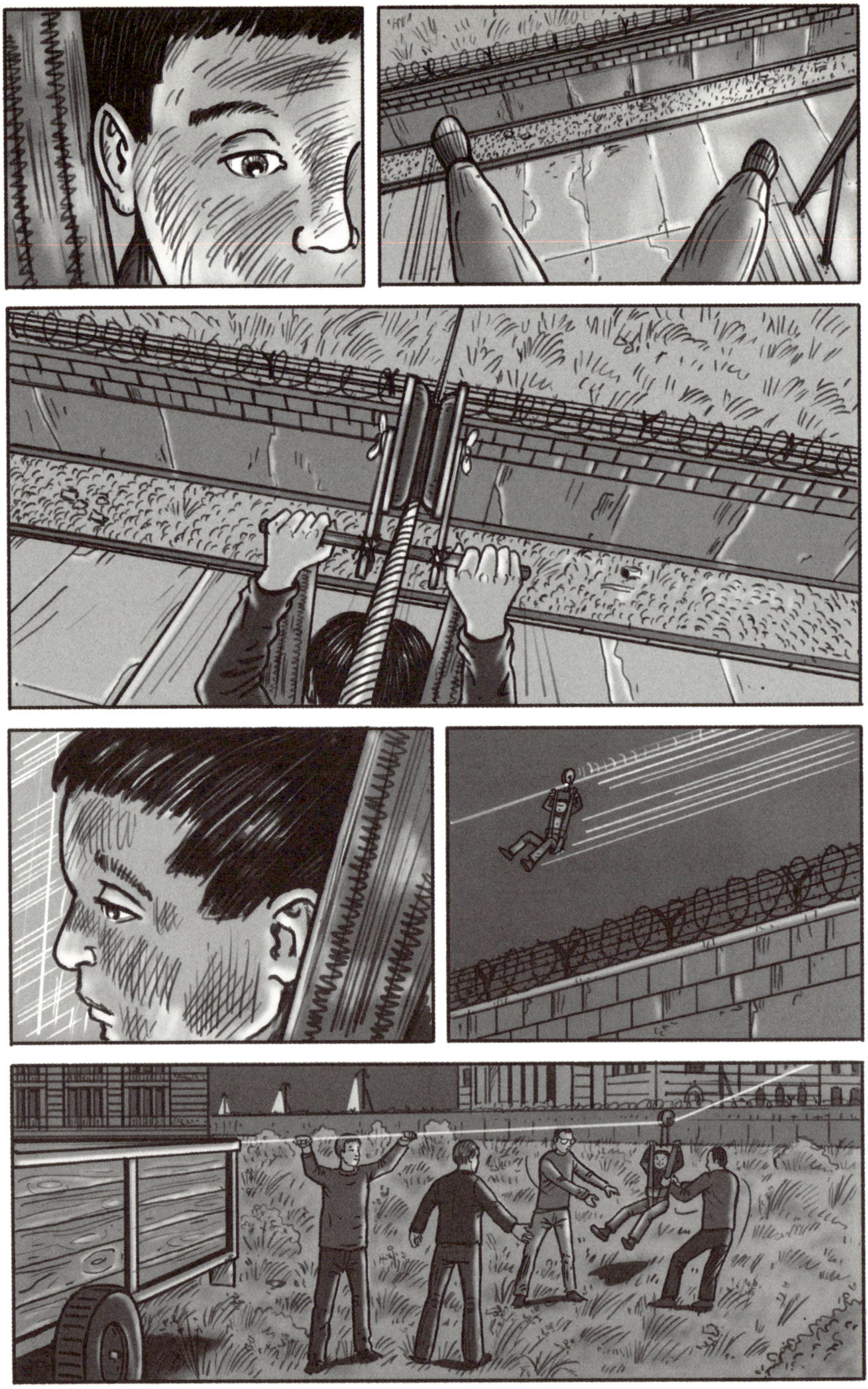

Die Nächste ist
Jutta Holzapfel.
Für seine Frau und seinen
Sohn hatte Heinz Holzapfel
das Seil angehoben. Doch
nun ist keiner da, um
dies für ihn
zu tun.

Er kommt an der Dachkante nicht vorbei.
Das Seil gibt keinen Millimeter nach.
Der Weg in die Freiheit scheint in unerreichbare Ferne gerückt.
Die Helfer sind ratlos und wissen nicht, was sie tun sollen ...

Ihr müsst das Seil lockern!
Es dauert eine Stunde, bis man das Problem erkennt.
Heinz Holzapfel kann das Seil nun am Mast nach oben schieben.
Der Weg ist jetzt frei.
Der sowjetische Beobachtungsposten glaubt, das Ministerium für Staatssicherheit der DDR versuche, eigene Agenten unbemerkt in den Westen zu schleusen, und schlägt deswegen keinen Alarm.

Die Aktentasche mit sämtlichen Papieren landet im Grenzstreifen der DDR. So weiß die Staatssicherheit schon wenig später, wer geflohen ist.
Ihre Flucht in den Westen bereut Familie Holzapfel aber nicht einen Tag.
ENDE

BILD am SONNTAG, 1. AUGUST 1965*

Punkt Mitternacht rollte der kleine Günter mutig in einer Seilschlinge auf dem 140 Meter langen Stahlseil in den 25 Meter tiefen Abgrund.

Dann folgte die Frau. „Ich sah unter mir den Todesstreifen. Als ich die Mauer sah, dachte ich : Jetzt bist du gerettet!"

Als letzter rollte der Vater in die Freiheit — mit Rollen, die eine VEB-Schlosserei nach den Plänen Holzapfels angefertigt hatte.

In einem Hotel trank man erst mal zur Beruhigung einen Kognak. Dann ging es in die Betten. Übernachtung und Frühstück waren gratis.

Die Helfer waren noch kühn genug, das Fluchtseil teilweise zusammenzuwickeln und auf die Mauerkrone zu legen. Erst Stunden später wurde es von der Vopo entdeckt.

Einsicht

Heinz Holzapfel vermag kaum auszudrücken, wie glücklich er sich fühlt. „Wenn ich noch daran denke, wie wir im strömenden Regen auf dem Dach langkrochen, aus einer Dachluke drang Licht und Stimmengewirr — offenbar hausten dort Grenzwächter. Aber wir mußten das Risiko eingehen."

Denn die Leipziger Familie konnte die Zustände in der Zone nicht länger ertragen. „Ich mußte einsehen, daß die kommunistische Ideologie in den Lehrbüchern ganz anders aufgeht als in der Praxis." Das sagt immerhin ein Mann, der jahrelang seinen Kollegen die Beschlüsse des SED-Zentralkomitees erläutern mußte.

Denn jahrelang galt Heinz Holzapfel als Musterknabe in der Zone: Als gelernter Tischler war er zur kasernierten Volkspolizei gegangen und hatte eine Offiziersschule besucht. Mit Hilfe von Stipendien machte er das Abitur und studierte vier Jahre an der Karl-Marx-Universität.

„Ich war Überzeugungskommunist!" gesteht heute der ehemalige SED-Funktionär. Aber seit dem Bau der Sperrmauer bekam er Zweifel, die größer und größer wurden. Bis er sich schließlich zur Flucht entschloß.

Heinz Holzapfel blickt hoffnungsvoll in die Zukunft: In Süddeutschland will er eine eigene Existenz aufbauen. Grundlage: zwei Patente, die er schon vor einiger Zeit in West-Berlin anmelden ließ.

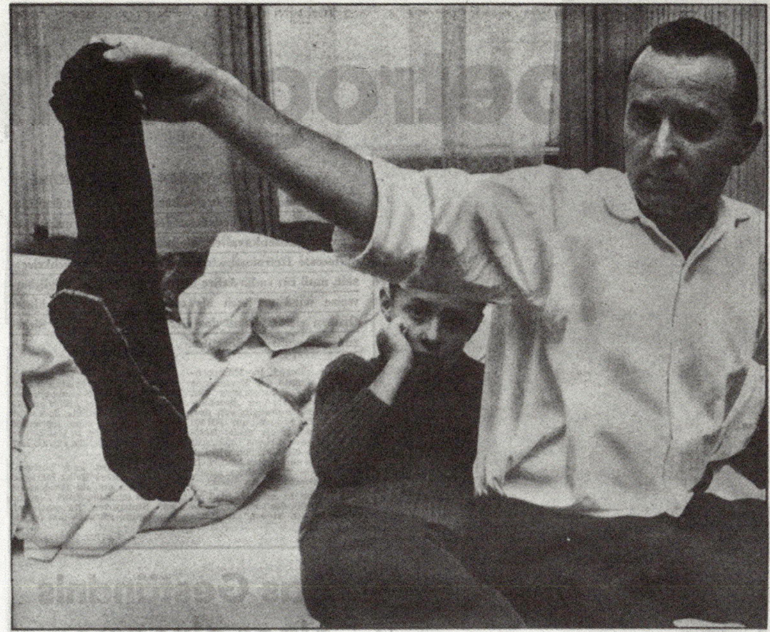

Diese selbstgemachten „Schleichsocken" trugen Heinz, Jutta und Sohn Günter Holzapfel, um jedes verdächtige Geräusch auf dem Dach vom „Haus der Ministerien" zu vermeiden. Sie hatten tatsächlich an alles gedacht.

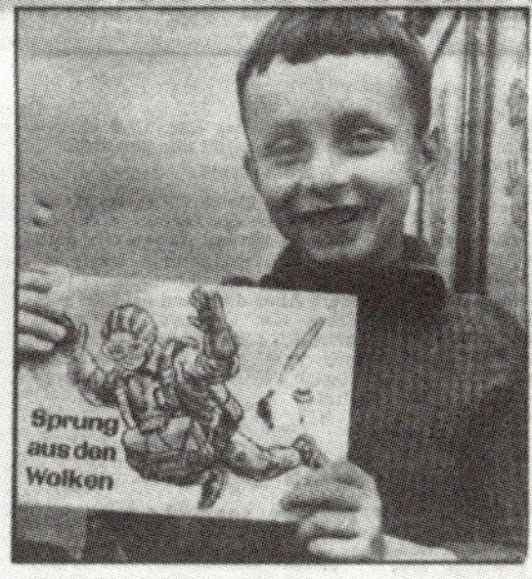

Mit diesem Buch über Fallschirmspringer bereitete Vater Holzapfel seinen Sohn auf das gefährliche Unternehmen vor.

Nach geglückter Flucht: Ein Grenzpolizist mit geschultertem Gewehr zieht das Drahtseil über die Mauer nach Osten.

Erstes gemeinsames Frühstück auf West-Berliner Gebiet: Jetzt kann Familie Holzapfel Beruhigungspillen und die ganze Aufregung vergessen.

* Zeitungsartikel siehe Anhang Seite 95

Eingesperrt

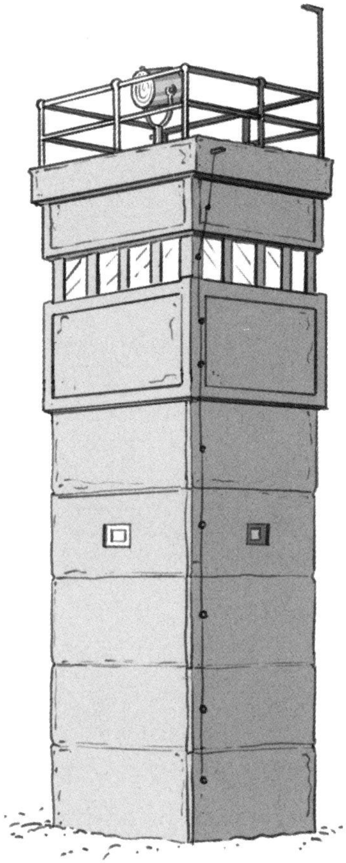

Wachturm aus den siebziger Jahren

Als Familie Holzapfel ihren Fluchtversuch unternahm, stand die Mauer bereits vier Jahre. Sie wurde von der DDR-Propaganda „antifaschistischer Schutzwall“ genannt – so als müsste die DDR vor einem neuen Faschismus aus der Bundesrepublik geschützt werden. Dabei war sich selbst die DDR-Führung darüber im Klaren, dass die dicht geschlossenen Grenzen die weitere „Ausblutung“ der DDR angesichts massiver Flüchtlingszahlen stoppen sollten.

Durch den Einsatz von Schusswaffen, Kontrollen im Vorfeld der Mauer, KFZ-Sperrgräben, Beobachtungstürmen und Hundelaufanlagen wurde die Mauer im Laufe der folgenden Jahre zu einem fast unüberwindlichen Hindernis. Der Wunsch der Menschen, in Freiheit zu leben, verschwand jedoch nicht. Je perfekter die Abriegelung wurde, desto waghalsiger und erfinderischer wurden auch die Fluchtversuche. Zwischen 1961 und 1989 – dem Jahr des Mauerfalls – gelang insgesamt 5.075 Menschen die Flucht über die Grenzanlagen in Berlin. Sie flüchteten über die Mauer oder unter ihr hindurch, zu Lande, zu Wasser oder durch die Luft. Mit Dieselloks oder betonverstärkten LKWs versuchte man die Mauer zu durchbrechen. Durch zunächst noch ungesicherte Kanalisationsrohre, U-Bahn-Schächte, die Spree durchschwimmend oder durch selbst gegrabene Tunnel wurde versucht, die andere Seite zu erreichen. Einige Menschen starteten auch mit selbst gebauten Heißluftballons oder Leichtflugzeugen, um aus der DDR zu entkommen. Eine Reihe von Flüchtlingen schaffte es mit gefälschten Papieren oder mit Ausreise-Visa, die von Helfern aus dem Westen organisiert wurden. Andere versteckten sich in Kofferräumen oder Zügen.

In den siebziger Jahren verstärkte die SED abermals ihre Bemühungen, die Mauer noch undurchlässiger zu machen. Nun konzentrierte man sich darauf, Fluchtwillige bereits im Vorfeld der Grenze aufzuspüren und festzunehmen.

Eine wichtige Aufgabe der Staatssicherheit war es, herauszufinden, ob jemand vorhatte, aus der DDR zu flüchten. So sollten Fluchten bereits verhindert werden, ehe die Menschen überhaupt in Grenznähe kamen. Die Stasi erhielt viele Informationen von sogenannten „inoffiziellen Mitarbeitern“ (IM), die aus ihrem privaten oder beruflichen Umfeld alles Verdächtige meldeten. 1989 waren insgesamt 189.000 IMs als Spitzel für die Stasi tätig. Es konnte deshalb äußerst riskant sein, Fluchtpläne im Vorhinein mit nicht beteiligten Freunden oder Bekannten zu besprechen. Wurde eine geplante Flucht aufgedeckt, drohten langjährige Haftstrafen.

Mit Sicherheitskonferenzen und Beschlüssen „zur weiteren Erhöhung der Sicherheit im Hinterland der Staatsgrenze“ sollten Mauerfluchten beizeiten unterbunden werden. Parteiveteranen und freiwillige Polizei- und Grenzhelfer gingen in den angrenzenden Straßen bei besonderen „Gefährdungssituationen“ zusätzlich auf Streife, so beispielsweise an den Jahrestagen des Mauerbaus oder am „Republikgeburtstag“ am 7. Oktober. Bei starkem Nebel oder Smog erhielten die Grenztruppen Verstärkung von der Volkspolizei.

Jeder, der sich zu nah an der Mauer aufhielt, geriet in Verdacht. Allzu unbekümmertes Verhalten, das Winken in Richtung Westen oder ein nächtlicher Spaziergang konnten bereits fatale Folgen haben. Das Fotografieren der Grenzanlagen war strengstens verboten …

VOR ORT

Im ehemaligen **HAUS DER MINISTERIEN** in der Wilhelmstraße 97 befindet sich heute das Bundesministerium der Finanzen. Der Besucherdienst des Ministeriums bietet für organisierte Gruppen Hausführungen nach vorheriger Terminvereinbarung an. Von außen zu sehen sind ein Wandbild aus DDR-Zeiten sowie das Denkmal für den Volksaufstand vom 17. Juni 1953 an der Leipziger Straße vor dem Gebäude.

www.bundesfinanzministerium.de

- ▶ **S- und U-Bahnhof Potsdamer Platz**
- ▶ **U-Bahnhof Mohrenstraße**
- ▶ **Bushaltestelle Abgeordnetenhaus**

Ganz in der Nähe, an der Ecke Zimmer- und Friedrichstraße, liegt der ehemalige alliierte Grenzübergang **CHECKPOINT CHARLIE**:

In der Friedrichstraße 43-45 kann das **MAUERMUSEUM** Haus am Checkpoint Charlie mit Ausstellungen über die Teilung Berlins und Fluchtversuche aus der DDR besucht werden.

www.mauermuseum.de

„STASI. Die Ausstellung zur DDR-Staatssicherheit" ist wenige Schritte weiter im **BILDUNGSZENTRUM DES BUNDESBEAUFTRAGTEN FÜR DIE STASI-UNTERLAGEN** in der Zimmerstraße 90 zu sehen.

www.bstu.de

Folgt man in östlicher Richtung der Zimmerstraße, finden sich jenseits der Friedrichstraße zwei **GEDENKORTE**: An der Ecke Zimmer- und Charlottenstraße erinnert eine Stele an Peter Fechter, der bei dem Versuch, die Mauer zu überklettern, 1962 im Todesstreifen verblutete. Informationen zu einer Tunnelflucht im Jahr 1962, bei dem ein 20-jähriger Unteroffizier der Grenztruppen sein Leben verlor, findet man in Höhe der Jerusalemer Straße.

- ▶ **U-Bahnhof Kochstraße**

MODELL „EXA 1b" AUS DEM VEB CERTO KAMERAWERK DRESDEN

DETLEF MATTHES: Die andere Seite

Die Familien spazieren „Unter den Linden" entlang.
Hier ist die prunkvolle diplomatische Vertretung der Sowjetunion.
Papa ...
Hm?
... was ist das weiße Ding da hinten?
Das ist die Mauer.

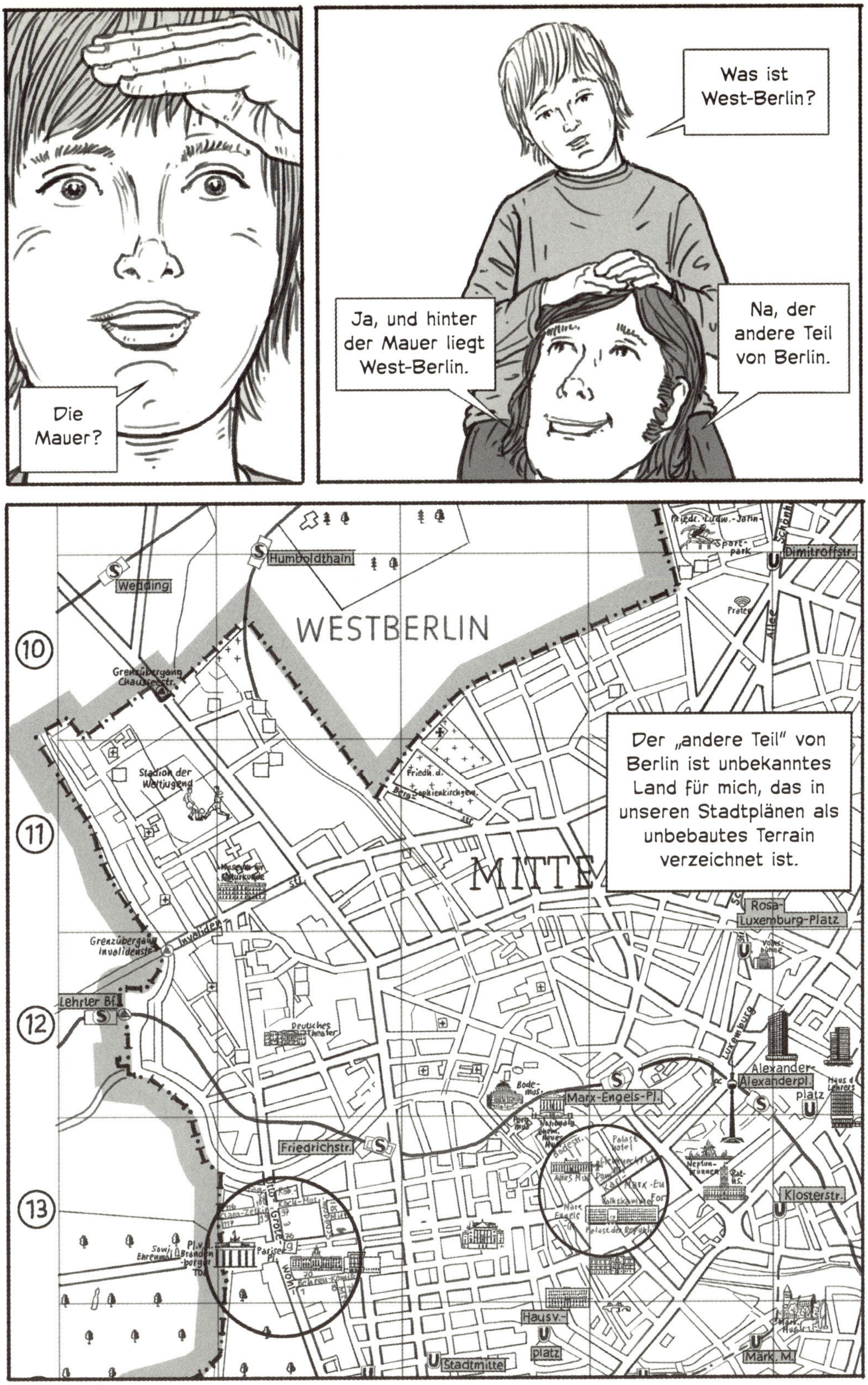
Die Mauer?
Was ist West-Berlin?
Ja, und hinter der Mauer liegt West-Berlin.
Na, der andere Teil von Berlin.
WESTBERLIN
MITTE
Der „andere Teil" von Berlin ist unbekanntes Land für mich, das in unseren Stadtplänen als unbebautes Terrain verzeichnet ist.
10
11
12
13
Wedding
Humboldthain
Dimitroffstr.
Grenzübergang Chausseestr.
Stadion der Weltjugend
Grenzübergang Invalidenstr.
Lehrter Bf.
Deutsches Theater
Rosa-Luxemburg-Platz
Alexanderpl.
Alexanderplatz
Marx-Engels-Pl.
Friedrichstr.
Klosterstr.
Hausv.-platz
Stadtmitte
Märk. M.

Dieser weiße Fleck auf der Landkarte beschäftigt mich noch Jahre später.
Wie es dort wohl aussieht?
KIM WILDE
Status Quo
ARNOLD SCHWARZENEGGER
CONAN
DER BARBAR
ZU HAUSE IN BIESENTHAL (DDR). ENTFERNUNG NACH BERLIN: 33 KM
BERLIN Flughafen Tegel
Ich sammele Ansichtskarten von West-Berlin, die uns Verwandte aus dem Westen geschickt haben. Dies stachelt meine Neugier weiter an.
EXA 1b
Zur Konfirmation hatte ich eine „EXA 1b“ bekommen.

Die Fernsehbilder von der West-Berliner Seite der Mauer zeigen, dass es dort ganz anders aussieht als im Osten. Hier darf man nicht mal in die Nähe der Grenze kommen.

Mit der Zeit lerne ich mich unauffälliger an der Mauer zu bewegen. Ich tue so, als ob ich in der Gegend wohnen würde, als ob ich ein Ziel hätte.
EXA 1b
Klick!

Wenn ich in unbekannten grenznahen Hinterhöfen unterwegs bin, weiß ich nie, ob dort vielleicht Grenzposten kontrollieren.
Damit Flüchtlinge besser zu sehen sind, ist die Mauer weiß gestrichen.
Für die maroden Hausfassaden im Osten ist dann keine Farbe mehr übrig.

LEIPZIGER STRASSE
Von einem der Hochhäuser kann man am weitesten in den Westen schauen.
25
AXEL-SPRINGER-GEBÄUDE, WEST-BERLIN
Klick!

In der S-Bahn suche ich mir immer ein Abteil für mich allein und warte darauf, Fotos machen zu können. Meistens habe ich etwa 10 Filme dabei.
Klick!
Zu Hause in Biesenthal erlebe ich eine Überraschung.
ORWO
FACHGESCHÄFT FOTO·FILM
Herr Matthes, Sie können doch keine Grenzsicherungsanlagen fotografieren! Das ist strengstens verboten!

Die Fotoabzüge behält er, die Negative kann ich aber mitnehmen.
In meiner Berufsschule wird ein Fotokurs angeboten.
Zu Hause kann ich dann in aller Ruhe meine Abzüge selbst machen.

PFINGSTEN 1987:
In West-Berlin gibt es ein mehrtägiges Rockkonzert zur 750-Jahr-Feier der Stadt direkt an der Mauer vor dem Reichstag. 70.000 Fans hören die Musik von New Model Army, David Bowie, Bruce Hornsby & The Range, Eurythmics, Genesis und Paul Young.
Concert for Berlin
6.-8. Juni · Platz der Republik
Einlaß jeweils 16 Uhr
34188
750 JAHRE BERLIN 1987
750 JAHRE BERLIN 1987

Einige Lautsprecher sind nach Osten ausgerichtet. So wie tausende andere Jugendliche auch, gehe ich Richtung Brandenburger Tor. An der Absperrung des Vorplatzes hören wir die Musik unserer Idole.

David Bowie vergisst seine Fans im Osten nicht: „Wir schicken unsere besten Wünsche an all unsere Freunde, die auf der anderen Seite der Mauer sind."
We can be Heroes
Das gefällt der Staatsmacht überhaupt nicht.

In der Nacht vom 7. zum 8. Juni versuchen wir, so weit wie möglich vor das Brandenburger Tor zu kommen, aber die Volkspolizei drängt uns zurück.
Bullenschweine!!
Die Mauer muss weg!!
Die Jugendlichen schreien ihre Wut heraus.
Die Situation eskaliert.
EXA 1b
Ich mache Fotos.

HERKOMMEN, FREUNDCHEN!
NP 22
Die Stasi beschlagnahmt meinen Film und nimmt meine Personalien auf.
POLIZEI
158 Jugendliche werden festgenommen.
Das brutale Vorgehen der Vopos schockiert mich. Ich schreibe einen Erlebnisbericht, den ich zusammen mit meinen nicht beschlagnahmten Fotos an das TV-Magazin „Kontraste“ nach West-Berlin schicke.
nicht fassen, war wie gefesselt, Schreie hörte
die Bullen fingen an zu rennen, als ob
jagen würde, dabei waren nicht sie die Ge
sondern wir und Sie die Jäger!!! Wir, die
nur Musik hören wollten wurden vom Bra
burger Tor Richtung City gejagt. Sie rann
die Irren und griffen sich jeden der nicht
genug war, und wir rannten, was das Zeu
Papierkörbe krachten und wir rannten als wir
Nähe der Oper waren über die Linden und
riff die Möglichkeit und ein paar andere auch
retteten uns in eine Seitenstraße beim Palais,
erstmal Luft zu schnappen und dem ganzen
zu weichen. Ich war total ausgepustet, der Schrec
zitterten etwas die Knien, die Beine waren schwe
TV-MAGAZI
„KONTRAST
WEST-BER
Der kommt dort jedoch nie an. Die Stasi hat ihn abgefangen.

6 Wochen später werde ich von der Stasi von meinem Arbeitsplatz abgeholt.

Bei der Hausdurchsuchung entdecken sie meine 179 Mauerfotos und die dazugehörigen 35 Negativfilme.
Man bringt mich ins Stasi-Untersuchungsgefängnis in Berlin-Hohenschönhausen.

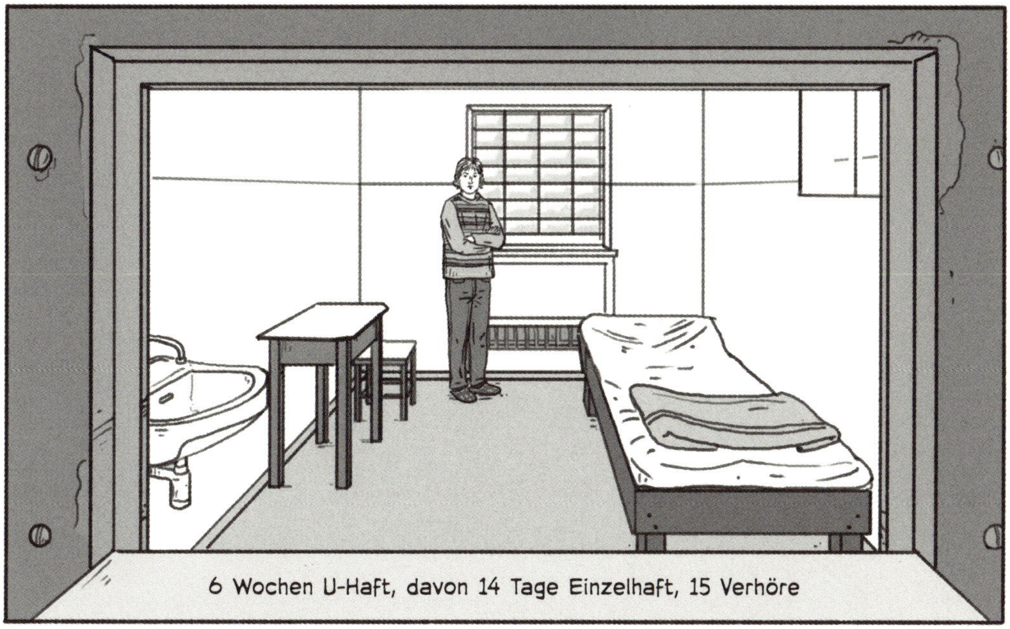

* Grund war der Besuch von DDR-Staats- und Parteichef Erich Honecker in der Bundesrepublik im September 1987.

Ich stelle einen Ausreiseantrag, der auch bewilligt wird.
Am 26. Februar 1988 muss ich die DDR bis 24 Uhr verlassen haben.
AUSREISE
SORTIE

Im Westen angekommen,
schaue ich als Erstes
über die bunte Mauer
in den Osten.
ENDE

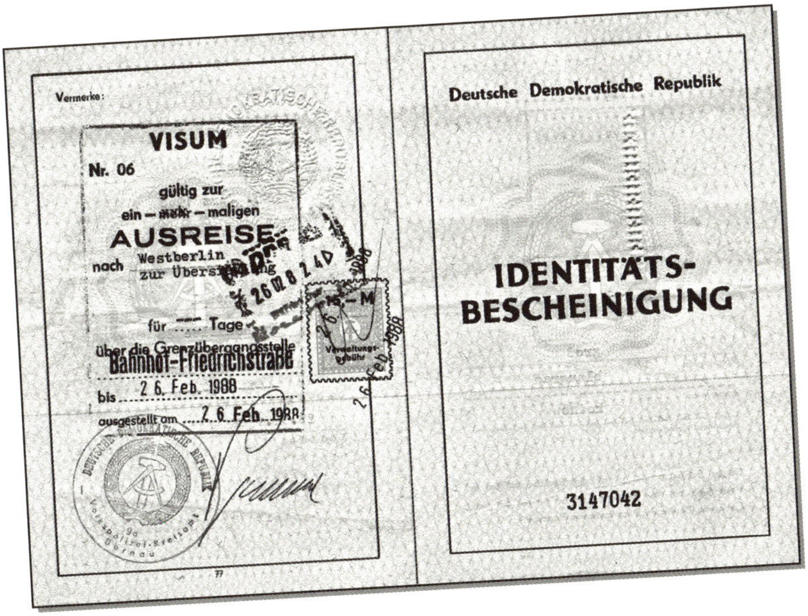
Vermerke:
VISUM
Nr. 06
gültig zur
ein – mehr – maligen
AUSREISE
nach Westberlin
zur Übersiedlung
für ..... Tage
über die Grenzübergangsstelle
Bahnhof-Friedrichstraße
bis 2 6. Feb. 1988
ausgestellt am 2 6. Feb. 1988
Verwaltungsgebühr
Deutsche Demokratische Republik
IDENTITÄTS-
BESCHEINIGUNG
3147042

AUSREISEVISUM VON DETLEF MATTHES

„We can be Heroes“

David Bowie

1987 stand die Mauer schon 26 Jahre lang – eine ganze Generation war bereits in ihrem Schatten aufgewachsen. In Ost und West fing man an, sich mit der zementierten Realität zu arrangieren, was dem freien und reichen Westen sehr viel leichter fiel als den eingemauerten Ostdeutschen. Aber auch hier hatten sich Teile der Bevölkerung resigniert mit der Grenze abgefunden und versuchten, unter den gegebenen Umständen das Beste daraus zu machen. In den Ferien fuhr man in andere Ostblock-Staaten, denn der Weg ins westliche Ausland war für die große Mehrheit versperrt. In den Westen reisen durften im Einzelfall nur zuverlässige Genossen – oder Rentner. Denn bei Letzteren hätte ein Verbleiben im Westen der DDR die Pensionszahlungen gespart. Der „Normalbürger“ bekam keinen Reisepass und konnte nur auf das Rentenalter warten.

Grade für Jugendliche wurde der unerreichbare Westen dadurch zur Projektionsfläche vieler unerfüllter Sehnsüchte. Sie wollten sich von ihren Eltern und dem grauen sozialistischen Alltag abgrenzen und suchten sich Vorbilder jenseits der Mauer. Rockbands, Filmstars und westliche Kleidung spielten eine wichtige Rolle. Wurde man in der Schule mit solchen Insignien „westlicher Dekadenz“ erwischt, zog dies nicht selten Belehrungen und öffentliche Diffamierungen nach sich. Punks oder Hippies gab es auch in der DDR, sie waren jedoch Repressalien durch Polizei und Staatssicherheit ausgesetzt.

Überhaupt riefen das unkonventionelle Auftreten westlicher Rock- und Popbands und deren Ideale von Freiheit und Protest bei den DDR-Oberen Misstrauen hervor. Sie fürchteten, die Kontrolle über die Jugend zu verlieren. Über die in weiten Teilen der DDR zu empfangenden westdeutschen Rundfunkprogramme (und später auch das Fernsehen) waren viele Jugendliche trotzdem immer gut über die neusten Trends aus dem Westen informiert. Die Nachricht, dass David Bowie und viele andere berühmte Bands vor dem Reichstag in West-Berlin zur 750-Jahr-Feier der Stadt spielen sollten, elektrisierte auch zahlreiche Jugendliche im Osten. Tausende Fans aus der ganzen DDR zogen deshalb in die Nähe der Mauer – unter ihnen auch Detlef Matthes. Sie gingen an die Ostseite vor das Brandenburger Tor, um vielleicht einige Fetzen der Musik mitzubekommen. Die Polizei reagierte brutal, verhaftete mehrere Dutzend Teilnehmer und hielt sie stundenlang unter unmenschlichen Bedingungen fest.

VOLKSPOLIZEI

Viele Jugendliche entzogen sich schon allein durch ihr Outfit oder ihren Musikgeschmack der staatlich verordneten Konformität. Immer mehr Menschen engagierten sich auch politisch. Ab den siebziger Jahren entstanden in der DDR oppositionelle Gruppen, die für die SED zunehmend ein Problem wurden. Zunächst bildeten sich sogenannte „Hauskreise“, die sich mit reformsozialistischen Ideen beschäftigten, Geld für Inhaftierte in Polen sammelten und Oppositionsschriften aus dem Polnischen oder Tschechischen übersetzten. Ab Anfang der achtziger Jahre kamen neue Gruppen hinzu, die sich aus Protest gegen die SED-Politik gebildet hatten. Diese Friedens-, Umwelt-, Frauen- und Menschenrechtsgruppen fanden unter dem Dach der

Kirche einen gewissen Schutzraum. Geschickt erschwerten sie Staat und Polizei den Zugriff und begeisterten immer mehr kritisch denkende Menschen für ihre Ziele. Über die Westmedien stellten sie Öffentlichkeit her; im eigenen Land erfuhren sie zunehmend Solidarität. Durch ihre immer breitere Basis wurde es der Staatssicherheit unmöglich, die oppositionellen Gruppen ganz zu unterdrücken.

Die zahlenmäßig wohl größte Protestgruppe waren Menschen, die einen Ausreiseantrag stellten, um in den Westen zu kommen. Sie forderten ihr Recht auf Freizügigkeit ein, das es in der DDR nicht gab. Mit demonstrativen Treffen auf öffentlichen Plätzen – sogenannten „weißen Kreisen" –, Sammelbeschwerden und eigenen Antragstellergruppen verstanden sie es, sich zunehmend besser zu organisieren. Die Ausgereisten und Inhaftierten schwächten zwar das Protestpotenzial. Dass sie mit ihren Anträgen und Protesten erfolgreich waren, motivierte jedoch zahlreiche andere, die bisher still gehalten hatten und sich nun dem Protest anschlossen.

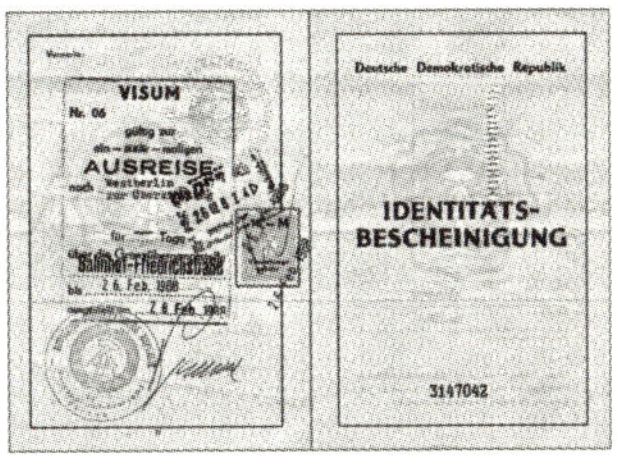

DDR-Identitätsbescheinigung mit Visum zur einmaligen Ausreise

Im Herbst 1989 verlor die SED zunehmend die Kontrolle. Immer mehr Menschen schlossen sich den größer werdenden Demonstrationen gegen das Regime an. Der 9. November 1989 sollte zu einem der aufregendsten Tage dieses Herbstes werden. Dabei hatte er für Jan Hildebrandt, der an diesem Tag 18 Jahre wurde, so langweilig begonnen ...

VOR ORT

Das **BRANDENBURGER TOR** war jahrzehntelang das Symbol der Teilung. Zwischen Tor und Reichstag stand die Mauer, deren Verlauf heute durch eine Reihe von Kopfsteinen im Straßenbelag markiert ist. Die S-Bahn unter dem Platz vor dem Brandenburger Tor verband früher den Norden mit dem Süden West-Berlins und unterquerte dabei den Ostteil der Stadt ohne Halt. Alle Bahnhöfe im Osten waren geschlossen und von bewaffneten Transportpolizisten bewacht. Die Eingänge waren verschlossen und zum Teil zugemauert, damit man von Ost-Berlin aus nicht erkennen konnte, dass hier die West-S-Bahn unter Ost-Berlin hindurchfuhr.

Am Rand des Tiergartens an der Ecke Ebert-, Scheidemann- und Dorotheenstraße sowie am Spreeufer hinter dem Reichstag erinnern weiße Kreuze an Menschen, die hier an der Grenze ihr Leben verloren haben.

▶ **S- und U-Bahnhof Brandenburger Tor**

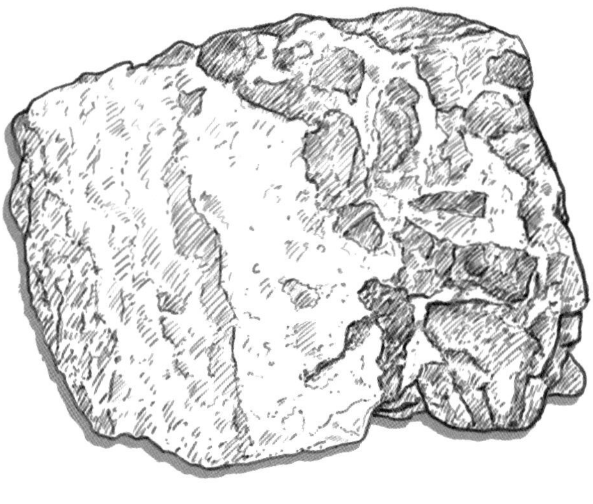

BETONSTÜCK AUS DER BERLINER MAUER

JAN HILDEBRANDT: Mein 18. Geburtstag

Eine tolle Geburtstagsparty war das nicht gerade. Das Beste ist noch die Westcola, die mir meine Eltern geschenkt haben.
Na ja, alle wollten schnell nach Hause Nachrichten schauen. Ihr habt ja keinen Fernseher.
Ich weiß. Heute ist Politik halt wichtiger als mein Geburtstag.
Papa müsste auch längst wieder von der „Demokratie Jetzt"-Versammlung zurück sein.
Hoffentlich haben sie ihn nicht verhaftet ...
18 Jahre/18 Dosen
Das trauen die sich doch gar nicht mehr. Letzten Freitag bei der Demo auf dem Alexanderplatz waren wir Hunderttausende!
Und was da alles öffentlich gefordert wurde: freie Wahlen, Meinungsfreiheit, Reisefreiheit ... Das war schon toll!

DRIING
Und weißte, was auch toll wird? Wenn du deine Fahrerlaubnis machst!
Jau! Auto ist schon ein Stück Freiheit, was?
Fahren kannste ja schon. Und wenn das mit den Beziehungen meines Vaters klappt, dann musste nicht ewig warten.
Und mit dem Wartburg meiner Eltern fahren wir dann so weit es geht!
Mittlerweile ist mein Vater auch wieder zurück.
Friederike hat grad angerufen: Die Mauer soll auf sein! Kommt ihr mit in den Westen?

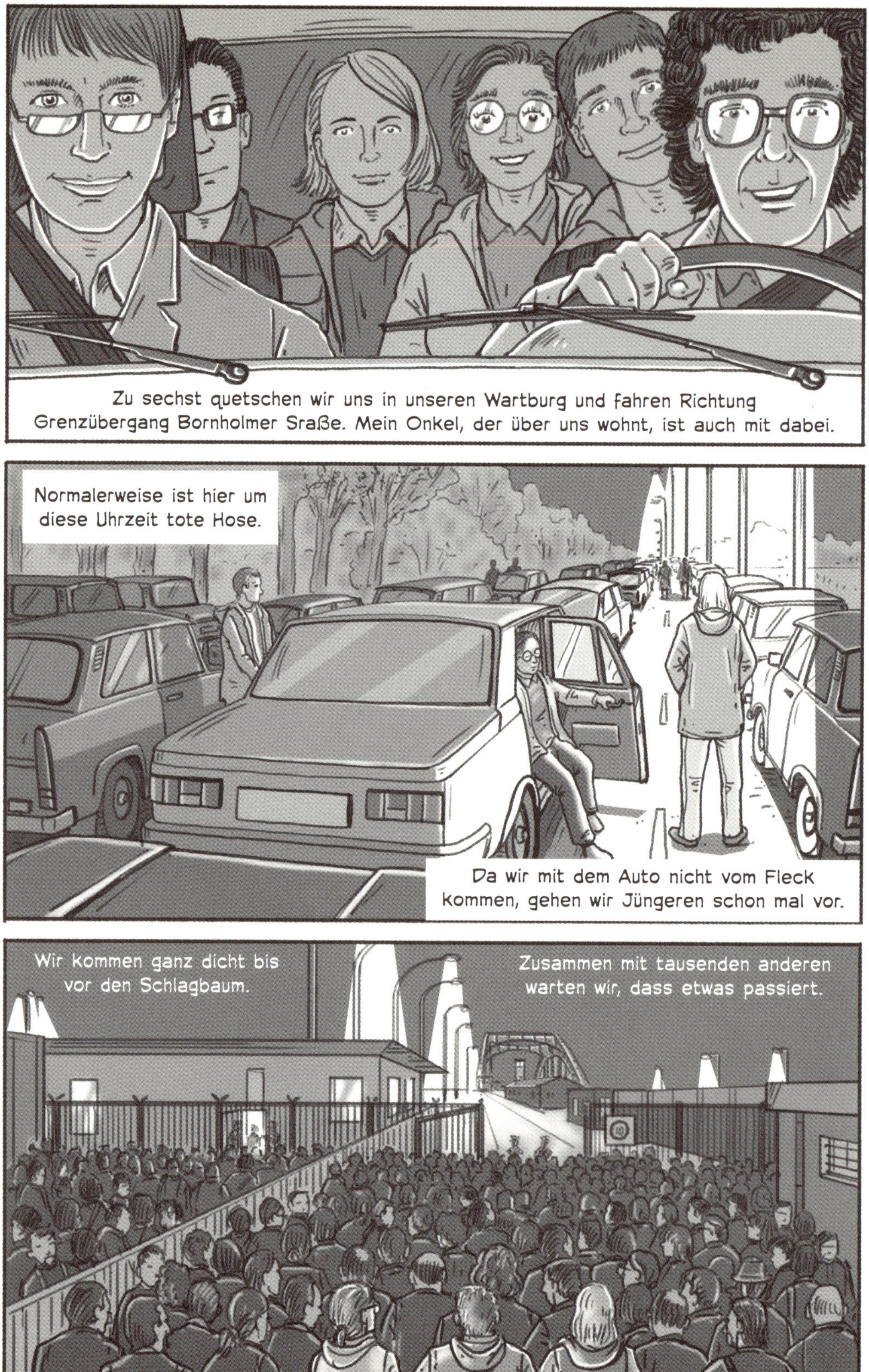
Zu sechst quetschen wir uns in unseren Wartburg und fahren Richtung Grenzübergang Bornholmer Sraße. Mein Onkel, der über uns wohnt, ist auch mit dabei.
Normalerweise ist hier um diese Uhrzeit tote Hose.
Da wir mit dem Auto nicht vom Fleck kommen, gehen wir Jüngeren schon mal vor.
Wir kommen ganz dicht bis vor den Schlagbaum.
Zusammen mit tausenden anderen warten wir, dass etwas passiert.

Die Stimmung ist gespannt und erwartungsvoll.
10
Tor auf! Tor auf!
Ein Häuflein Grenzer steht einem Meer von Menschen gegenüber.
Wie werden sie reagieren?
Sie haben widersprüchliche Befehle von oben bekommen und wissen nicht, wie sie sich verhalten sollen.
Macht den Schlagbaum auf!
Der Kommandierende vor Ort muss eine selbstständige Entscheidung treffen.

Wie bei einem Dammbruch
überfluten die Menschen die Grenzanlage. Es gibt kein Halten mehr.

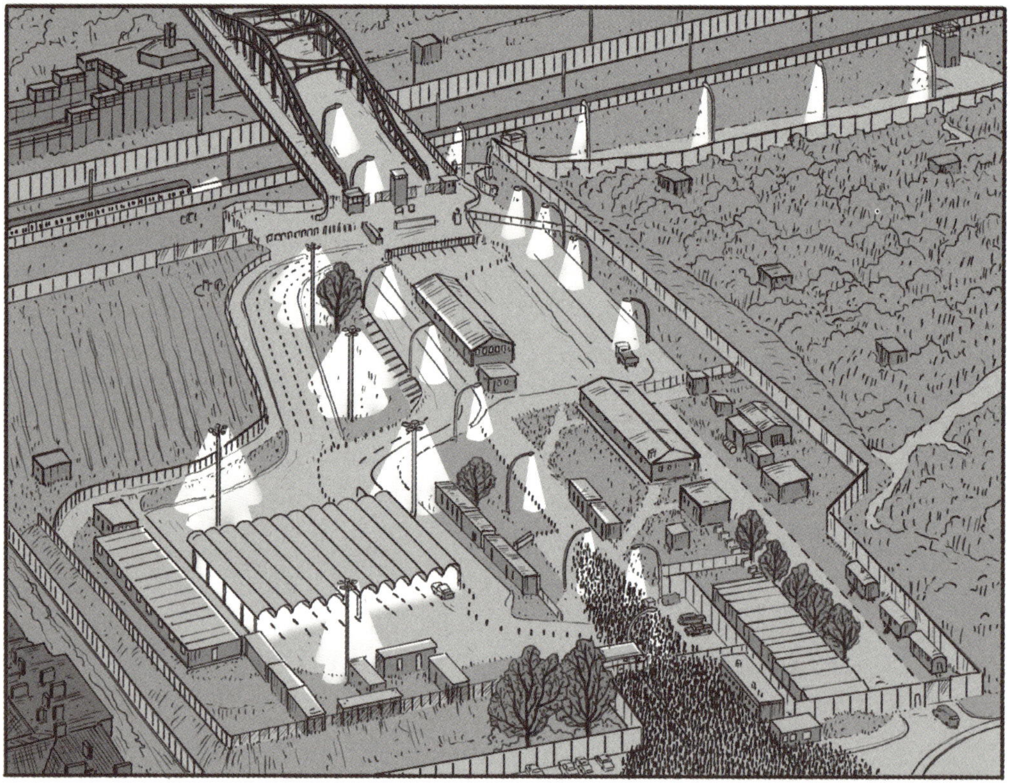

Die Menschenmassen gehen auf
die andere Seite der
Brücke ...
... nach West-Berlin.

Nach 28 Jahren Absperrung stehen die Tore in der Mauer sperrangelweit auf.
Getrennte Freunde aus Ost und West feiern nach Jahren ein Wiedersehen.
Ein Bäcker verteilt kostenlos Brötchen.
Unsere Eltern finden wir im unaufhörlichen Strom der Menschenmassen nicht mehr wieder.
Auf einmal sind wir im Westen ...

... wo wir vorher noch nie waren.
200 m
Weil wir einen etwas verlorenen Eindruck machen, bietet uns ein freundlicher West-Berliner an, dass wir bei ihm telefonieren können.
Wir sind hier!
Wir rufen unsere Verwandten in West-Berlin an.
Sie holen uns mit ihrem Wagen ab ...
... und zeigen uns alles, was man gesehen haben muss:
SIEGESSÄULE

STRASSE DES 17. JUNI
GEDÄCHTNISKIRCHE
FUNKTURM
Unterwegs rufen wir unsere Eltern an.
Wie, nach Hause???

Aber Papa, wir sind doch hier im Westen!
Da könnt ihr ja morgen nach der Schule wieder hin. Heute kommt ihr nach Hause. Ihr müsst aber unbedingt noch zum Brandenburger Tor, da kommen wir nämlich gerade her.
Unsere Verwandten bringen uns noch dorthin, fahren dann aber wieder nach Hause, weil sie morgen früh raus müssen.

Unsere Eltern konnten noch durch das Tor gehen, bei uns ist es schon wieder abgeriegelt.
Ein Souvenir muss auch noch mit.

GRENZÜBERGANG INVALIDENSTRASSE
GROSSKÜC
Früh morgens sind wir wieder zu Hause.
Das nenn' ich 'ne Geburtstags-party!
ENDE

Revolution!

NEUES FORUM

DEMOKRATIE JETZT

DEMOKRATISCHER AUFBRUCH

Noch am Tag zuvor hätte Jan Hildebrandt kaum geahnt, dass er seinen 18. Geburtstag in West-Berlin feiern würde. Denn so organisatorisch durchdacht und generalstabsmäßig geplant der Bau der Mauer 1961 erfolgte, so chaotisch kam es zu ihrem Fall am 9. November 1989. Die Diktatur der SED, die sie abzusichern half, befand sich zu diesem Zeitpunkt bereits im Stadium des inneren Zerfalls. Seit Anfang Oktober fanden in zahlreichen Städten immer größere Protestdemonstrationen statt, denen die Staatsgewalt bald nichts mehr entgegenzusetzen hatte. Landauf, landab organisierten die Menschen Mahnwachen und Fürbittgebete in Kirchen – in Berlin beispielsweise in der Gethsemanekirche im Prenzlauer Berg. Die seit dem Sommer neu entstandenen oppositionellen Initiativen stellten sich dort vor und diskutierten offen mit den Menschen: das Neue Forum, Demokratie Jetzt und der Demokratische Aufbruch. Am 7. Oktober gründete sich die Sozialdemokratische Partei (SDP), im November folgten die Grüne Partei und die Grüne Liga.

Anfangs versuchte die SED mit massiven Polizeieinsätzen, Verhaftungen und Strafbefehlen die Lage mit Gewalt unter Kontrolle zu bringen. Spätestens am 9. Oktober wurde jedoch klar, dass ihr dies nicht mehr gelingen würde: An jenem Tag demonstrierten in Leipzig nach dem montäglichen Friedensgebet in der Nikolaikirche auf dem innerstädtischen Ring an die 70.000 Menschen friedlich gegen die SED-Herrschaft. Angesichts der Übermacht der Demonstranten brachte die Einsatzleitung die zuvor mit Schusswaffen ausgestatteten Polizeikräfte und Soldaten nicht zum Einsatz. Die Friedliche Revolution hatte ihren ersten entscheidenden Sieg errungen. Nach dem Rücktritt der politischen Führung am 18. Oktober und erneuten Protesten versammelten sich am 4. November etwa 200.000 Menschen auf dem Berliner Alexanderplatz zur bislang größten freien Demonstration in der DDR und forderten Reformen.

Günter Schabowski

Am späten Nachmittag des 9. November fand dann jene berühmte Pressekonferenz statt, die zum Fall der Mauer führen sollte: SED-Politbüromitglied Günter Schabowski verkündete dort eher beiläufig bei der Bekanntgabe neuer Reiseregelungen, dass künftig jeder DDR-Bürger in den Westen reisen dürfe. Ohne deutlich zu machen, dass es bei dem neuen Gesetz eigentlich um eine Ausreiseregelung ging, für die wie auch für normale Besuchsreisen Anträge gestellt werden müssten, bestätigte er auf Nachfrage von westlichen Journalisten, dass diese Regelung „sofort, unverzüglich" in Kraft trete. Diese Äußerungen wurden von westdeutschen Nachrichtenagenturen aufgegriffen und über das Westfernsehen in die DDR zurück übertragen. Dies bewirkte, dass sich an mehreren Grenzkontrollpunkten immer mehr Schaulustige einfanden – Jan Hildebrandt und seine Familie waren auch darunter. Was jedoch niemand ahnte: Die Grenzer markierten diejenigen, die als erste ausreisten, noch mit einem auf das Passbild gesetzten Ausreisestempel, um sie damit auszubürgern und später nicht in die DDR zurückzulassen. Dazu kam es zum Glück nicht mehr, denn der Einsatzleiter an der Grenzübergangsstelle Bornholmer Straße hielt dem Druck der Massen nicht mehr stand und öffnete um

23.30 Uhr die Sperranlagen für alle. Zehntausende von Menschen strömten erstmals seit 28 Jahren wieder unkontrolliert über die Brücke nach West-Berlin. Die anderen Grenzübergangsstellen folgten im Lauf der Nacht. Die ganze Stadt geriet in einen unglaublichen Freudentaumel. Wildfremde Menschen aus Ost und West lagen sich vor Freude weinend in den Armen. „Wahnsinn!" war das wohl am häufigsten gebrauchte Wort dieser Nacht. Die Mauer war auf!

Die Menschen in der DDR hatten sich zunächst ihre politische Freiheit erkämpft und anschließend am 9. November auch die Mauer zum Einsturz gebracht. Während sich in Berlin Souvenirjäger als „Mauerspechte" betätigten und Betonsplitter vor dem wieder zugänglichen Brandenburger Tor an Touristen verkauften, trieb der Aufbruch des Herbstes von 1989 auf die deutsche Wiedervereinigung zu. Am 3. Oktober 1990 endeten mehr als 40 Jahre deutscher Teilung auch ganz offiziell. Die Reste der Berliner Mauer stehen mittlerweile unter Denkmalschutz und können besichtigt werden. Heute erzählen sie uns so manche Geschichte aus einer kaum mehr vorstellbaren Zeit ...

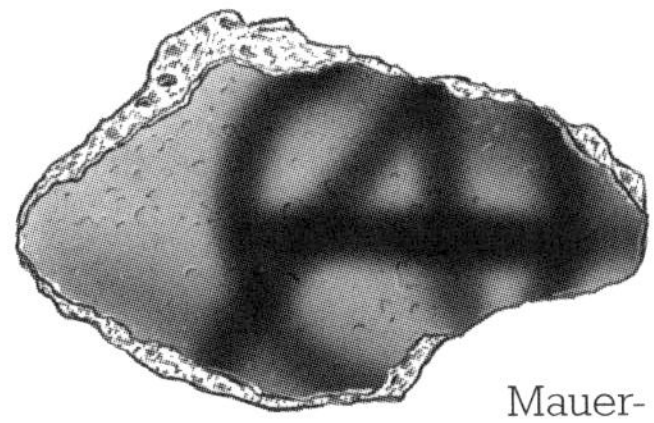

Mauer-splitter

VOR ORT

Der ehemalige Grenzübergang **BORNHOLMER STRASSE** ist heute eine ganz normale Brücke zwischen den Berliner Stadtteilen Prenzlauer Berg und Wedding. Der S-Bahnhof unter der Brücke lag früher mitten im Grenzgbiet und wurde von S-Bahnen, die den Norden mit dem Süden West-Berlins verbanden, ohne Halt durchfahren. Auf den beiden östlichen Gleisen der heutigen Fernbahn fuhr die Ost-Berliner S-Bahn durch den mit Mauern, Stacheldraht und Hundelaufanlagen gesicherten Todesstreifen.
Eine Verbindung auf den S-Bahn-Ring gab es zu dieser Zeit nicht.

An der nördlichen Straßenseite sind noch Reste der sogenannten Hinterlandmauer zu finden. Gedenk- und Informationstafeln erinnern an die Geschichte des Ortes.

Der **BERLINER MAUERWEG** führt direkt am ehemaligen Grenzübergang vorbei. Er folgt mit 160 km Länge als Rad- und Wanderweg dem gesamten ehemaligen Mauerverlauf rund um die ehemalige Halbstadt West-Berlin herum. Folgt man dem ausgeschilderten Mauerweg hier über die Norweger Straße durch das Nordische Viertel, gelangt man zum **MAUERPARK.**

▶ **S-Bahnhof Bornholmer Straße**

Quellen- und Literaturverzeichnis (Auswahl)

> Camphausen, Gabriele; Nooke, Maria: *Die Berliner Mauer.* Ausstellungskatalog Dokumentationszentrum Berliner Mauer. Michel Sandstein Verlag, Dresden 2003

> Dittfurth, Udo: *August 1961. S-Bahn und Mauerbau.* Verlag GVE, Berlin 2003

> Eisenfeld, Bernd; Engelmann, Roger: *13.8.1961: Mauerbau. Fluchtbewegung und Machtsicherung.* Edition Temmen, Bremen 2001

> Festschrift: *100 Jahre Lazarus-Kranken- und Diakonissenhaus 1865-1965.* Berlin 1965

> Gröschner, Annett; Messmer, Arwed: *Aus anderer Sicht/The Other View: Die frühe Berliner Mauer/The Early Berlin Wall.* Hatje Cantz Verlag, Ostfildern 2012

> Halbrock, Christian: *Weggesprengt. Die Versöhnungskirche im Todesstreifen der Berliner Mauer 1961-1985* (Sonderheft Horch und Guck Nr. 17/2008). Berlin 2008

> Hertle, Hans-Hermann: *Die Berliner Mauer/The Berlin Wall. Monument des Kalten Krieges/ Monument of the Cold War* (Bundeszentrale für politische Bildung; Nr. 08). Bonn 2007

> Hertle, Hans-Hermann; Nooke, Maria u. a.: *Die Todesopfer an der Berliner Mauer 1961-1989.* Hg. v. Zentrum für Zeithistorische Forschung Potsdam und der Stiftung Berliner Mauer. Ch. Links Verlag, 2. durchges. Aufl., Berlin 2009

> Kundt, Klaus; Sakowitz, Horst: *„Gleich kommt einer vom Dach!“.* BILD am SONNTAG, 1.8.1965, S. 9 (Abdruck mit freundlicher Unterstützung der BILD am SONNTAG)

> Müller, Bodo: *Faszination Freiheit. Die spektakulärsten Fluchtgeschichten.* Ch. Links Verlag, 4. Auflage, Berlin 2001

> Sälter, Gerhard; Schaller, Tina; Kaminsky, Anna (Hg.): *Weltende – Die Ostseite der Berliner Mauer. Mit heimlichen Fotos von Detlef Matthes* (Veröffentlichungen der Stiftung Berliner Mauer). Ch. Links Verlag, Berlin 2011

> Schülerinnen und Schüler des Abiturjahrgangs 1961 der Bertha-von-Suttner-Schule in Berlin-Reinickendorf: *Immer auf der Hut. Ost-Schüler in West-Berlin – Als die Mauer dazwischen kam.* Hg. v. Verlag Schleichers Buchhandlung, Berlin 2011

> *VEB Tourist Stadtplan Ost-Berlin.* 18. Auflage, Berlin/Leipzig 1985 (Abdruck mit freundlicher Unterstützung der Weimarer Verlagsgesellschaft Ltd)

> Zeitzeugenarchiv der Gedenkstätte Berliner Mauer

Zeitungsartikel von Seite 55

BILD am SONNTAG, 1. August 1965:

Punkt Mitternacht rollte der kleine Günter mutig in einer Seilschlinge auf dem 140 Meter langen Stahlseil in den 25 Meter tiefen Abgrund. Dann folgte die Frau. „Ich sah unter mir den Todesstreifen. Als ich die Mauer sah, dachte ich: Jetzt bist du gerettet!“ Als letzter rollte der Vater in die Freiheit – mit Rollen, die eine VEB-Schlosserei nach den Plänen Holzapfels angefertigt hatte. In einem Hotel trank man erstmal zur Beruhigung einen Kognak. Dann ging es in die Betten. Übernachtung und Frühstück waren gratis. Die Helfer waren noch kühn genug, das Fluchtseil teilweise zusammenzuwickeln und auf die Mauerkrone zu legen. Erst Stunden später wurde es von der Vopo entdeckt.

Heinz Holzapfel vermag kaum auszudrücken, wie glücklich er sich fühlt. „Wenn ich noch daran denke, wie wir im strömenden Regen auf dem Dach langkrochen, aus einer Dachluke drang Licht und Stimmengewirr – offenbar hausten dort Grenzwächter. Aber wir mußten das Risiko eingehen.“ Denn die Leipziger Familie konnte die Zustände in der Zone nicht länger ertragen. „Ich mußte einsehen, daß die kommunistische Ideologie in den Lehrbüchern ganz anders aufgeht als in der Praxis.“ Das sagt immerhin ein Mann, der jahrelang seinen Kollegen die Beschlüsse des SED-Zentralkomitees erläutern mußte. Denn jahrelang galt Heinz Holzapfel als Musterknabe in der Zone: Als gelernter Tischler war er zur kasernierten Volkspolizei gegangen und hatte eine Offiziersschule besucht. Mit Hilfe von Stipendien machte er das Abitur und studierte vier Jahre an der Karl-Marx-Universität. „Ich war Überzeugungskommunist!“ gesteht heute der ehemalige SED-Funktionär. Aber seit dem Bau der Sperrmauer bekam er Zweifel, die größer und größer wurden. Bis er sich schließlich zur Flucht entschloß. Heinz Holzapfel blickt hoffungsvoll in die Zukunft. In Süddeutschland will er eine eigene Existenz aufbauen. Grundlage: zwei Patente, die er schon vor einiger Zeit in West-Berlin anmelden ließ.

Bildunterschrift oben: Diese selbstgemachten „Schleichsocken“ trugen Heinz, Jutta und Sohn Günter Holzapfel, um jedes verdächtige Geräusch auf dem Dach vom „Haus der Ministerien“ zu vermeiden. Sie hatten tatsächlich an alles gedacht.

Bildunterschrift Mitte: Mit diesem Buch über Fallschirmspringer bereitete Vater Holzapfel seinen Sohn auf das gefährliche Unternehmen vor.

Bildunterschrift rechts: Nach geglückter Flucht: Ein Grenzpolizist mit geschultertem Gewehr zieht das Drahtseil über die Mauer nach Osten.

Bildunterschrift unten: Erstes gemeinsames Frühstück auf West-Berliner Gebiet: Jetzt kann Familie Holzapfel Beruhigungspillen und die ganze Aufregung vergessen.

Die Autoren

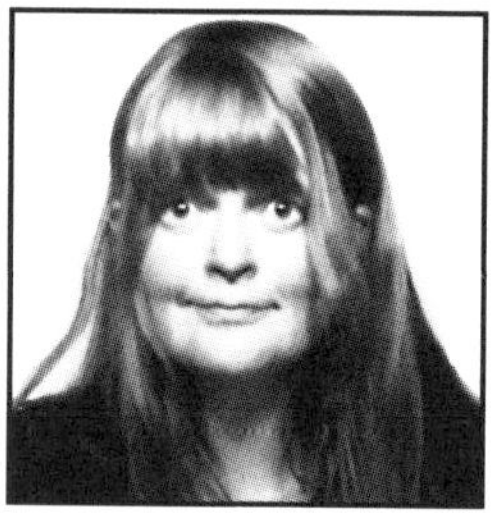 

Susanne Buddenberg und **Thomas Henseler** studierten Design an der Fachhochschule Aachen und Film an der Hochschule für Film und Fernsehen „Konrad Wolf" in Potsdam-Babelsberg. Nach dem Studium gründeten sie die Zoom und Tinte Buddenberg und Henseler GbR, die sich auf Film und Illustration spezialisiert hat. Gemeinsam arbeiten sie in den Bereichen Comic, Illustration und Storyboard. Auftraggeber sind Filmproduktionen, Fernsehsender, Werbe- und Eventagenturen. Parallel dazu unterrichten sie im Bereich Game-Design.

Danke!

Unseren Zeitzeugen, die mit ihren persönlichen Geschichten und durch ihr Vertrauen in uns und unsere Arbeit dieses Projekt erst möglich gemacht haben:
Jan Hildebrandt
Familie Holzapfel
Ursula Malchow
Detlef Matthes
Regina Thulesius (geb. Zywietz)

Unserem Föderer:
Der Bundesstiftung zur Aufarbeitung der SED-Diktatur

Unseren Fachberatern:
Dr. Christian Halbrock
Dr. Maria Nooke
Markus Pieper

Unseren Unterstützern:
Willi Blöß
Miriamne Fields
Alexander Hembt
Torsten Meißner
Rick Minnich
Jakob Rössler
Andreas Rupprecht
Anna Schmelz
Johann Ulrich
und unseren Freunden und Familien

„Packend geschildert und professionell gezeichnet“
Der Tagesspiegel

„Unterhaltsam und lehrreich“
DDR-Museum

„Fesselnde Erzählung“
Superillu

„Spannend wie ein Krimi“
STRAPAZIN

„Lehrern, die Comics bekanntlich oft kritisch gegenüberstehen, sei dringend geraten, sich das Buch einmal anzusehen.“
Berliner Zeitung

„Auch für Erwachsene machen die Zeichnungen und Dialoge den Alltag einer Meinungsdiktatur plastisch – und was es hieß, dagegen aufzubegehren.“
Deutschlandradio

Grenzfall von Thomas Henseler und Susanne Buddenberg

DDR 1982, Ost-Berlin: Der Schüler Peter Grimm rebelliert gegen die Meinungsdiktatur in einem Staat, der einem die Luft zum Atmen nimmt. Durch die oppositionelle Familie Robert Havemanns findet er viele neue Freunde und Gleichgesinnte, die seinen Freiheitsdrang teilen. Daraufhin wird er wegen seiner „moralisch-charakterlichen Grundhaltung“ vom Abitur ausgeschlossen und fliegt von der Schule. Doch Peter bleibt seinen Idealen treu: Zusammen mit Freunden gibt er die illegale Zeitung „Grenzfall“ heraus, in der unzensiert über gesellschaftliche Probleme berichtet wird, welche die Machthaber um jeden Preis verschweigen wollen. Der „Grenzfall“ entwickelt sich zum inoffiziellen Bestseller, der in der ganzen DDR von Hand zu Hand weitergegeben wird.

Die Staatssicherheit bietet schließlich ihren ganzen Überwachungsapparat auf, um den „Grenzfall“ zu stoppen. Selbst im engsten Zirkel der „Grenzfall“-Gruppe gibt es einen Verräter, der die Stasi mit Informationen versorgt. Ein vernichtender Schlag gegen die „Staatsfeinde“ läuft an …

Gefördert mit Mitteln der Bundesstiftung zur Aufarbeitung der SED-Diktatur

ISBN: 978-3-939080-48-0
Paperback, 104 Seiten
14,95 Euro

Thomas Henseler · Susanne Buddenberg

Tunnel 57

Eine Fluchtgeschichte als Comic

112 Seiten · 26 Comic-Seiten und 29 Abbildungen im Text

ISBN 978-3-86153-721-2

9,90 € (D) · 10,20 € (A)

Anhand von Zeitzeugeninterviews, Originalfotos und Dokumenten haben die Comic-Autoren die Ereignisse um den legendären Fluchttunnel unter der Bernauer Straße im Jahr 1964 detailgetreu rekonstruiert und grafisch umgesetzt. Ein Beitrag zu den historischen Hintergründen weitet den Blick auf das Fluchtgeschehen, Interviews mit einem Fluchthelfer und seiner geflüchteten Freundin veranschaulichen die Ereignisse aus deren Perspektive. Ergänzende Materialien für den Schulunterricht vertiefen die Thematik.

Thomas Henseler · Susanne Buddenberg

Tunnel 57

A True Escape-Story

32 Seiten, davon 26 Comic-Seiten

ISBN 978-3-86153-729-8

4,90 € (D) · 5,10 € (A)

This historical comic book is an escape helper's first person account of the construction of a tunnel beneath the divided city of Berlin in 1964: From the preparations on the West Berlin side, the digging of the 145 metre long tunnel into East Berlin, the tunnel opening and the successful escape on the first day, and the dramatic events of the second day which were to have grave consequences. Drawing on authentic interviews with the tunnel builders and refugees and original photographs and documents, writers and illustrators Thomas Henseler and Susanne Buddenberg recreate down to the last detail the dramatic events surrounding Tunnel 57.

Ch. Links Verlag
Schönhauser Allee 36
10435 Berlin
Telefon (030) 44 02 32-0
Fax (030) 44 02 32-29
mail@christoph-links-verlag.de
www.christoph-links-verlag.de
Ch.Links